AF250443

AIX EN SAVOIE

ET SES

ENVIRONS.

VUE D'AIX,

du lac du Bourget et du cercle des étrangers.

AIX EN SAVOIE

ET

SES ENVIRONS,

Pendant la saison des Eaux,

Par P. C. Ordinaire,

Docteur-Médecin.

Quiconque a beaucoup vu a beaucoup appris.
Maxime.

LYON.

IMPRIMERIE DE L. BOITEL,
QUAI ST-ANTOINE, 36.

1840.

Aux Lecteurs.

Encore des impressions de voyage, direz-vous, lecteurs?
encore l'ennuyeuse série des j'ai vu, j'ai fait, j'ai dit, qui ont
la plus grande analogie avec les célèbres *veni, vidi, vici?*....
Encore une nouvelle exposition des émotions, des jouissances
et des vicissitudes d'un touriste, toujours assez modeste
pour se poser en héros et faire croire au public qu'il réunit

toute la perfectibilité dont le cœur et le corps humain sont susceptibles ?

Non, lecteurs, ce ne sont pas des impressions de voyage que je livre à la publicité, mais de simples observations de mœurs. C'est le tableau du genre de vie, des plaisirs et des tribulations des baigneurs aux Eaux d'Aix. C'est l'expression de ma pensée sur cette ville de la Savoie et sur ses environs. Je ne me pose pas en héros.... je connais trop mes imperfections.... Quand on est un Châteaubriand, un Lamartine, un Jules Janin, un Alexandre Dumas, ou autre grand maréchal de la littérature, on peut (passez-moi la métaphore) entrer courageusement dans l'arène de la publicité, assuré d'avance d'une victoire toujours fidèle au prestige d'un grand nom. Mais quand on est un pauvre conscrit littéraire et un touriste obscur, vous comprendrez, lecteurs, que ce n'est qu'en tremblant qu'on engage l'action et brave le feu si redoutable de la... critique.

Ce livre n'est pas instructif, et cependant il contient d'utiles enseignements. Je le donnerais pour amusant, si je ne craignais d'être comparé à ce père aveugle qui vante les qualités de son fils; qualités tellement sensibles qu'il faut toute

la perspicacité paternelle pour les découvrir. C'est un choix
d'épisodes et de réflexions qui plairont aux uns, déplairont aux
autres,—il est si difficile de plaire à tous!

Des personnes, connaissant toute la susceptibilité sarde,
m'ont assuré que S. M. le roi de Sardaigne défendra la lecture
de mon livre à ses sujets, ne voulant pas que les idées libé-
rales fassent irruption dans son royaume. Je n'ai pas la prétention de croire que sa majesté soit assez aimable pour me
réserver cette galanterie.—Mon premier né mis à l'index!—
ce serait à se redresser comme un caporal de voltigeurs ins-
truisant des recrues,—à se croire un véritable Jocelyn, pros-
crit de la Savoie,—je ne mérite et n'obtiendrai certainement
pas un tel honneur.—Ma voix est encore semblable à celle du
désert; elle peut vibrer sans que les rois absolus en redou-
tent le retentissement.

Pour juger du mérite de l'œuvre, et sans avoir égard à l'é-
tiquette du sac et à la marque inconnue du fabricant, lecteurs,
achetez... Si vous êtes contents, dites-le partout et à tous,
imitez ces curieux trompés par les annonces et les bagatelles
de la porte... dissimulez afin de laisser tromper les autres.
Faites comme tant de bénévoles contribuables, à l'aspect des

sauts en avant et en arrière de tous nos saltimbanques poli-
tiques, payez... maugréez tout bas... mais tout haut ne vous
plaignez pas..... à quoi bon ! un éditeur est comme la liste
civile, il ne rend jamais l'argent.

I.

Introduction. — Généralités sur les eaux. — Les Grecs, les Romains et leurs thermes. — Les baigneurs contemporains. — Cause de l'affluence si considérable des baigneurs. — Opinion des anciens médecins sur l'efficacité des eaux. — Tableau des principales eaux minérales de l'Europe, et particulièrement de la France. — Préférence donnée à Aix. — Les causes de cette préférence.

UNE SAISON

AUX EAUX D'AIX.

—

I.

Quelle mine féconde pour un observateur qu'une saison passée aux eaux, et par saison on comprend un mois de séjour. Des costumes de divers pays, des langages et des caractères aussi variés que les costumes; des misères comme en enfantent la pauvreté et la maladie; des jouissances comme en procurent la richesse et la santé ; des artisans et des rois, sujets aux mêmes affections, se baignant simultanément ; des connaissances intimes, faites en un jour et abandonnées de même ; des intrigues plus ou moins piquantes, des mariages plus ou moins commencés, tous les agréments d'une grande cité, tous les inconvénients d'une petite ville, composent le panorama social le plus original qu'il soit possible d'imaginer.

Aix-les-Bains reproduit exactement les ombres et les points saillants du tableau que je viens d'esquisser. Mais, avant de les soumettre à une sérieuse investigation, permettez-moi, lecteurs, de vous tracer quelques généralités sur l'emploi des eaux. De temps immémorial on en a fait usage : avant l'établissement des bains particuliers, on se baignait dans les rivières. La fille de Pharaon allait entrer dans le Nil lorsqu'elle aperçut Moïse. La princesse Nausicaa, chantée par Homère, aimait à se plonger dans les fleuves, d'où elle sortait plus belle et plus séduisante. Comme de telles immersions devenaient impossibles en hiver, les Grecs, auxquels nous devons d'importantes innovations, construisirent des bassins dans lesquels ils placèrent un mélange d'eau chaude et d'eau froide. Les Romains, très empressés de les imiter en tout, établirent des mai-

sons destinées particulièrement aux bains et y déployè-
rent une rare munificence. Ils donnèrent d'abord le
nom de *therma* (du grec Θερμη chaleur) à l'établissement où l'eau chaude était administrée ; puis ils se
servirent du même mot, *thermæ,* pour désigner toute
espèce de bains, même froids.

Les thermes eurent rang parmi les édifices les plus
somptueux de Rome. Ils étaient si vastes qu'Ammien-
Marcellin les compare à des provinces, *in modum pró-
vinciarum exstructa lavacra.* Et, en effet, ce qui reste
de ces anciens monuments nous fait juger de leur éten-
due prodigieuse et de leur élégance. Auguste, Néron,
Titus, Trajan, Commode, Antonin et Caraccalla vou-
lurent se surpasser dans le luxe et l'immensité à donner aux thermes, mais ceux de Dioclétien l'emportèrent
sur tous. La description qu'en donne Publius-Victor
paraît vraiment fabuleuse. Un grand lac, dans lequel
plusieurs milliers de personnes pouvaient se livrer à
l'exercice de la natation, des portiques pour les promenades, des basiliques où le peuple s'assemblait avant
d'entrer dans le bain et après en être sorti, des cours
ornées de colonnes et d'arbustes, des arènes pour la
gymnastique, des *vaporarium* où l'on pouvait suer, de
vastes salles aérées où l'on pouvait se rafraîchir, for-

maient, des thermes de Dioclétien, un des établissements les plus remarquables en ce genre.

L'église des Chartreux, à Rome, en faisait partie, et celle des Feuillants servait alors de loge au portier des eaux.

Le nombre des thermes était, à une époque, aussi surprenant que leur grandeur. Vitruve dit qu'on en comptait à Rome plus de huit cents, et cela surprendra peu si l'on réfléchit que les Romains, ne portant ni souliers, ni bas, ne se servant pas de linge, se couvrant de tissus de laine, devaient éprouver fréquemment le besoin de se baigner.

Si les eaux chauffées artificiellement, étaient si fréquentées, on comprendra quelle devait être la faveur des eaux thermales naturelles, et l'on sera moins étonné d'apprendre que, dans toutes les localités où jaillissent des sources chaudes abondantes, se rencontrent des vestiges des anciens maîtres du monde.

Mais je crois entendre murmurer :

Qui nous délivrera des Grecs et des Romains,

et je me hâte de les abandonner pour ne m'occuper que des baigneurs contemporains.

Aller aux eaux et *prendre les eaux* sont deux locu=

tions dont on se sert aujourd'hui pour désigner le transport et le séjour d'un baigneur dans un lieu où s'administrent, soit à l'extérieur, soit à l'intérieur, des eaux chaudes ou froides, contenant quelques principes médicamenteux. Jamais elles n'ont été si courues que de nos jours, moins par besoin réel, disons-le, que pour céder aux exigences de la mode ; aussi n'existe-t-il pas de localité possédant le moindre filet d'eau thermale, sulfureuse, ferrugineuse, saline, ou autre, qui ne s'empresse de construire un établissement et de l'entourer de toutes les séductions de l'art, de la nature et du *puff*.

Le *puff* est une création moderne, qui réhausse singulièrement ce qui est abaissé et met au grand jour ce qui resterait dans l'oubli. — Il est très usité depuis quelque temps et ne se présente jamais qu'entouré d'appâts captieux, auxquels se laissent volontiers prendre les gens crédules. Il a pour puissants auxiliaires le journalisme, et particulièrement le feuilleton, ce Protée qui caresse ou qui tue.

Quelques méchants esprits prétendent que le nombre si considérable des baigneurs contemporains n'est dû qu'à la prescription des gens de l'art, et que cette prescription n'est dictée que par le désir de se débar-

rasser d'une maladie et d'un malade très embarrassants.
— N'en croyez rien, lecteurs ! Un malade ne peut pas
plus embarrasser un médecin, qu'un plaideur ne peut
être à charge à un avoué. Je vous en parle savamment,
sum medicus.

Les gens de l'art, comme on les nomme, ne pres-
crivent les eaux minérales que parce qu'elles composent une ressource puissante contre une foule d'affections. Ils ne font que suivre en cela les errements de
leurs devanciers ; car Hypocrate, Galien, Paul-d'Æ-
gine ont exalté les propriétés curatives de ces agents
thérapeutiques fournis à l'homme par la nature. La
seule différence qui existe, c'est que les anciens, privés
des connaissances chimiques, s'en servaient en aveugles,
et on jugera du degré de perfection où était la science
au siècle dernier, par l'extrait suivant emprunté à l'*En-
cyclopédie*, et trop curieux pour ne pas être reproduit :

« Les eaux thermales tirent leur vertu d'un mélange de *feu* et de *soufre*, qui se trouvent dans les mi-
nes voisines des sources. Joignez à cela un alkali qui,
divisant ces minéraux, les étend dans l'eau, les y rend
miscibles, leur en communique la faculté et les vertus,
et vous concevrez (si vous pouvez) que, comme toutes les
indications dans les maladies consistent à laver les obs-

tructions, à corriger les humeurs *peccantes,* à rétablir
la force des fibres, à inciser, à résoudre, à fondre les
humeurs qui croupissent (bravo, les anciens !), vous
concevrez que les eaux chaudes aient la propriété de
diviser la mucosité gluante du sang, de délayer les
sucs crus et mal digérés, d'empêcher le passage des
matières des premières voies dans les troisièmes voies
(bravissimo) ; enfin, de soulager dans la cachexie, la
cacochimie, la bouffissure de l'estomac, la fausse pneu-
monie, la paralysie et la sciatique (ouf !). »

O Molière ! quelle prise offrait à tes coups une science
ainsi professée, aussi rationnellement appliquée!.. Je
cite toujours textuellement :

« Mais, comme les remèdes les plus salutaires nuisent souvent, surtout si les viscères sont affectés, l'u-
sage des eaux est préjudiciable dans les cas de passions
lentes et violentes, tels que le chagrin et la colère (d'où
on peut conclure, qu'à cette époque, il fallait être très
gai et posséder un excellent caractère pour se servir
des eaux). »

Braves docteurs et maîtres en chirurgie, que diriez-
vous, si vous reveniez, en apprenant quels progrès a
fait cet art que vous croyez parfait ; en apprenant que
vos quatre éléments, l'air, l'eau, le feu et la terre sont

entièrement délémentés, que les humeurs *peccantes* sont enfoncées, que vos sucs crus sont tirés à clair ; vous gémiriez d'être dans la nécessité de retourner à l'école, et pâliriez certainement, devant le *fluorure de calcium*, l'acide *apocrénique*, l'acide *sulfhydrique*, le *carbonate de strontiane*, le *phosphate d'alumine*, et quinze autres termes non moins scientifiques, donnés à quinze autres substances non moins palpables qui entrent dans la composition des eaux d'Aix, que vous définissiez un mélange de soufre et de feu. Vous tomberiez à la renverse, ou traiteriez les professeurs d'Iroquois, lorsque l'acide *hypo-azotique*, l'*azotate* de *bioxide* de cuivre, les *cyanhydrates*, les *sulfhydrates*, les *hydro-sulfates* et tous les *prussiates* frapperaient vos conduits auditifs.

Mais ce qui exciterait votre admiration seraient les belles conquêtes de la chirurgie moderne. Grâce à elles, plus de pieds bots, plus de boîteux, plus de bossus, plus de louches, et vous reconnaîtriez, avec nous, que l'espèce humaine, loin de dégénérer, comme le prétendent certains Héraclites, marche à grands pas à la réalisation du rêve de Fourier, à cette période ascendante où les hommes atteindront huit pieds de hauteur et vivront deux cents ans, terme moyen. C'est bien dommage pour les contemporains que cette période ait été si tardive.

Mais laissons les anciens et revenons aux modernes. Tant de gens vont aux eaux ? Voulez-vous savoir pourquoi ? C'est parce que le malade, tout naturellement, espère trouver dans leur emploi, ce qu'il a vainement cherché dans les autres moyens curatifs. Le bien-portant espère trouver dans la réunion des baigneurs des distractions à la monotonie de la vie domestique ; le joueur espère que la fortune lui sera favorable ; la coquette espère des adorateurs; le dandy des conquêtes; la vieille fille un mari. Mais, de l'espérance à la réalité qui ne connaît la différence.

Quelque soit le motif qui engage à aller aux eaux, convenons que le choix est très difficile, à en juger par le tableau suivant, où elles sont rangées d'après la nature de principes qui les constituent. Dans ce tableau, je n'ai réuni que les *principales* eaux minérales de l'Europe et surtout de la France. S'il vous paraît aussi fastidieux à lire que je l'ai trouvé fastidieux à composer, je vous engage, lecteur à tourner les feuillets et à passer outre, sauf à le consulter en temps opportun.

EAUX ACIDES.

LANGONI,	en Toscane.

EAUX ACIDULES FROIDES.

POUGUES,	dépt.	de la Nièvre.
SAINT—MYON,		du Puy-de-Dôme.
SELTZ,		du Bas—Rhin.
SALZBACH,		du Haut-Rhin.
SAINT-GALMIER.		de la Loire.
VIC-LE-COMTE.		du Puy-de Dôme.

EAUX ACIDULES CHAUDES.

BADE-BADEN,	en Allemagne.
BOURBON—L'ARCHAMBAULT,	dépt. de l'Allier.
CARLSBAD,	en Bohême.
CHATEL-GUYON,	du Puy-de—Dôme.
LUCQUES,	en Italie.
MONT-DORE,	du Puy-de-Dôme.
SAINT—ALLYRE,	idem.
SAINT-NECTAIRE,	idem.
TOEPLITZ,	en Allemagne.
VICHY,	de l'Allier.

EAUX SALINES FROIDES.

CHATEAU-SALINS,	dépt. de la Meurthe.
EPSOM,	en Angleterre.
SEDLITZ,	en Bohême.
SEYDSCHUTZ,	idem.

EAUX SALINES CHAUDES.

AIX,	en Provence.
BAGNÈRE-DE-BIGORRE,	dépt. des Hautes-Pyrénées.
BAINS,	des Vosges.
BALARUC,	de l'Hérault.
BATH,	en Angleterre.
BOURBON-LANCY,	de Saône et Loire.
BOURBONNE-LES-BAINS,	de la Haute-Marne.
CHAUDES-AIGUES,	du Cantal.
CHELTENHAM,	en Angleterre.
DAX,	des Landes.
ENCAUSE,	de la Haute-Garonne.
LAMOTTE,	de l'Isère.
LUXEUIL,	de la Haute-Saône.
NÉRIS,	de l'Allier.
PLOMBIÈRES,	des Vosgés.
USSAT,	de l'Arriége.

EAUX FERRUGINEUSES FROIDES.

Boulogne-sur-Mer,	dépt.	du Pas-de-Calais.
Bussang,		des Vosges.
Contrexeville,		des Vosges.
Forges,		de la Seine-Inférieure.
Passy,		de la Seine.
Provins,		Seine-et-Marne.
Pyrmont,		en Allemagne.
Spa à 6 lieues de Liége,		dans les Pays-Bas.
Tarascon,		de l'Arriége.
Tongres,		Pays-Bas.

EAUX FERRUGINEUSES CHAUDES.

Rennes,	dépt.	d'Ile-et-Vilaine.
Saint-Mart,		du Puy-de-Dôme.
Vals,		de l'Ardêche.

EAUX SULFUREUSES FROIDES.

Charbonnières,	dépt.	du Rhône.
Enghien,		de Seine-et-Oise.

EAUX SULFUREUSES CHAUDES.

Acqui,		Etats Sardes.
Aix-les-Bains,		en Savoie.
Aix-la-Chapelle,		en Prusse.
Arles,	dépt.	des Bouches-du-Rhône.
Ax,		de l'Arriége.
Bade,		en Souabe.
Bagnères-de-Luchon,		de la Haute-Garonne.
Bagnoles,		de l'Orne.
Bagnols,		du Gard.
Barèges,		des Hautes-Pyrénées.
Bonnes,		des Basses-Pyrénées.
Cauterets,		des Hautes-Pyrénées.
Chaudes-Aigues,		Cantal.
Saint-Amand,		du Nord.

Joignez à cette litanie, bien faite pour épouvanter le plus intrépide buveur, tous les nouveaux nés aquatiques, tels que Salins, en Savoie, Uriage, près de Grenoble, Saint-Alban, près de Roanne, Neuville, près de Lyon. Ajoutez-y la reine des eaux, la mer, et vous conviendrez qu'il faut un bien grand nombre de baigneurs pour que chaque localité puisse en réunir quelques-uns. Eh bien ! malgré cette formidable concurrence, Aix, en Savoie, voit, chaque année, accourir à ses thermes quatre mille étrangers. A quoi attribuer une telle vogue? Y trouve-t-on de ces plaisirs si ingénieusement variés que l'on rencontre à Bade, à Tœplitz, à Carlsbad et même aux Pyrénées, où se rend tout ce que l'aristocratie européenne a de plus élégant et de plus distingué ? non, certainement. Aix possède des eaux qui guérissent, des sites admirables, des attentions et des soins pour les baigneurs à quelque condition qu'ils appartiennent, comme on en trouve nulle part ; aussi, disons-le franchement, Aix est plutôt le rendez-vous des malades que de la fashion; les provinces y abondent plus que les capitales.

Si vous jouissez d'une grande fortune et d'une bonne santé, si vous recherchez ces intrigues où l'esprit a plus de part que le cœur, si vous êtes avides de ces plaisirs comme l'industrialisme sait en procréer et en offrir aux modernes Crésus, si vous voulez vous amuser, allez à Bade-Baden. Si vous ne possédez qu'une honnête aisance, si vous désirez interrompre, pendant un mois, la régularité de la vie de province, si vous êtes souffrant surtout, allez à Aix et, croyez-moi, vous y retournerez, tellement vous en reviendrez satisfait.

II.

Situation d'Aix.—Moyen de transport pour y arriver.—De la
navigation du Haut-Rhône.—Les bords du Rhône.—L'auberge de Pierre-Châtel. — Une nuit dans un bateau à vapeur. — Le goutteux. — L'anglais. — Arrivée à la douane.

II.

Aix, situé entre la France, la Suisse et l'Italie, n'est
pas très éloigné de Lyon, de Genève et de Turin. Chaque jour, de commodes voitures partent de ces villes
importantes pour se rendre dans la vallée des bains.
Mais il est un nouveau moyen de transport que je dois
signaler comme devant l'emporter sur les autres par

ses nombreux avantages. Je veux parler de la navigation du Haut-Rhône, et des bateaux à vapeur qui, depuis deux ans seulement, font le service de Lyon à Chambéry. C'est à ce moyen de transport que nous donnâmes la préférence, et que nous dûmes les quelques émotions que je vais reproduire succintement.

Partis du quai St-Clair à quatre heures du matin, nous arrivâmes aux pieds du Fort-Châtel à neuf heures du soir, ayant parcouru près de vingt-deux myriamètres (environ cinquante lieues), à cause des détours sans nombre que le Rhône présente dans son cours. Pierre-Châtel n'est distant de Lyon que de six myriamètres (environ quinze lieues).

Le *Dauphin* et le *Triton*, bateaux à vapeur de la force de quarante-cinq chevaux, remontent le fleuve avec plus de facilité que le *Papin* et l'*Hirondelle* ne parcourent la Saône. Un seul passage peut les arrêter. C'est celui du Sault, douze chevaux et autant de bœufs sont attelés pour aider à le franchir, mais comme les bateaux sont attendus et les cordages disposés à l'avance, à peine perd-on dix minutes dans les manœuvres.

Les bords du Rhône, beaucoup moins riches que ceux de la Saône, sont plus accidentés, et par conséquent plus pittoresques. A l'est et à quelques lieues de Lyon,

les montagnes du Bugey et la chaîne des Pyrénées bor-
nent l'horison, qui souvent se confond avec les con-
tours indécis de ces monts aériens ; à l'ouest, de larges
et fréquentes échappées permettent à la vue d'embrasser les riches plaines de la Bresse. De distance en distance apparaissent quelques monticules sur le sommet
desquels subsistent encore les restes d'anciens châteaux.
Ces ruines ne redisent pas seulement le passage des siècles, mais encore les sombres épisodes de la féodalité.
Ces murs abandonnés, dont chaque jour détache une
pierre, réveillent les souvenirs des anciens temps, rap-
pellent les luttes incessantes des seigneurs et la servi-
tude des serfs. On aime à rapprocher du siècle où nous
vivons, ces époques où la France divisée en princi-
pautés, ne comptait que quelques suzerains et d'innombrables esclaves. Autour de ces ruines se culti-
vent quelques ceps de vigne, croissent quelques arbustes, s'étendent de vastes terrains sans culture, où pais-
sent de nombreux troupeaux.

A la hauteur de Lagnieux, avant de dépasser le premier des deux ponts suspendus qui existent sur le Rhône
depuis Lyon jusqu'à Genève, on aperçoit, toujours à
l'est, l'entrée majestueuse de la grotte de la Balme,
l'une des sept merveilles du Dauphiné. Quoique vue

d'assez loin, cette entrée, de trente-un mètres (nonante trois pieds) de hauteur perpendiculaire sur vingt-un mètres (soixante-trois pieds) de largeur, a un aspect grandiose et imposant. C'est un portique digne de l'édifice et des richesses qu'il renferme. A chaque détour du Rhône, un site nouveau se déroule et l'attention est constamment fixée par cette nature montagneuse.

Le fleuve qui anime cet austère paysage, se trouve tantôt encaissé entre deux rochers, où il murmure d'être ainsi resserré; tantôt il s'ébat dans de larges plaines, se traçant un lit aujourd'hui, puis l'abandonnant tout-à-coup pour en usurper un autre le lendemain. C'est ainsi qu'il dote un jour un propriétaire riverain d'un terrain d'alluvion sur lequel mûrissent de belles moissons, et qu'il enlève par contre-coup à un autre et ses terres et ses récoltes, souvent même son habitation. Des villages entiers disparaissent en peu de temps par l'influence destructive de ce fleuve irrévérencieux. Rien ne serait cependant plus facile que de l'endiguer. Les matériaux sont sur place, ou d'un transport facile; les riverains ne refuseraient certainement pas leur concours; le gouvernement ne saurait donc tarder à fixer son attention sur la navigation du Haut-Rhône, appelée à de grands résultats.

Au-dessus de l'embouchure de l'Ain, jusqu'au Sault, le lit du fleuve devient plus régulier ; les eaux, comme fatiguées de leur course vagabonde, semblent se reposer pour reprendre bientôt leur primitive et impétueuse allure ; lentement entrainées par une pente insensible, dans un canal régulier, elles fertilisent une riche campagne. C'est là où commencent ces unions, si communes en Savoie et en Italie, de la vigne à l'orme et au cerisier, unions contractées au sein de vertes prairies ou de jaunes moissons, et qui donnent aux sites un aspect incomparable de splendeur.

Je ne chercherai pas à décrire l'admirable point de vue que présentent les environs de Pierre-Châtel, à l'heure où le bateau à vapeur vient s'arrêter à ses pieds, pour y passer une de ces belles nuits d'été. Ces montagnes majestueuses derrière lesquelles les Alpes, monts plus élévés encore, dressent leurs têtes de vieillards comme pour jouir des beautés de la plaine, dont la riante verdure fait contraste avec la nudité des régions supérieures ; le Rhône blanchissant ses bords escarpés comme un coursier fougueux blanchit le mord qui le retient, et serpentant aux pieds de ses masses brunes et arides comme un ruban virginal au bas d'une robe de deuil ; le fort perché sur la cime d'un rocher comme un aigle épiant la victime qu'il convoite ; un ciel pur, azuré, offrant déjà çà et là quelques étoiles qui scintillent ; un excellent dîner servi sur le pont du bateau , des commensaux aimables, un capitaine complaisant, composent une série de jouissances, que tout voyageur privilégié pourra goûter sur le *Dauphin*, stéamer dont la tenue et les aménagements ne laissent rien à désirer, jouissances que nous savourâmes en véritables artistes.

Le fort de Pierre-Châtel est bâti sur un rocher de quatre ou cinq cents pieds de hauteur perpendiculaire au-dessus du lit du Rhône; posté comme une sentinelle avancée sur l'extrême frontière, il commande les montagnes de la Savoie et la fertile vallée où serpente le fleuve. Ce fort est composé d'une agglomération de bâtiments qui constituaient jadis un monastère. Ces bâtiments ont été construits sur un plateau irrégulier qui forme le sommet d'un rocher séparé de la masse calcaire voisine par une fissure de cent pieds de profondeur et qui garantit l'entrée du fort. Pourquoi les moines et les chartreux s'avisaient-ils d'édifier leur monastère dans des contrées inacessibles, sur des rochers impraticables ? probablement pour que la barrière qu'ils voulaient placer entre les plaisirs du monde et les austérités du cloître soit plus infranchissable. Cette disposition empêchait-elle que la barrière ne soit franchie? je laisse à l'histoire ou à la chronique qui a recueilli ce que l'histoire a négligé, le soin de répondre à cette question.

Une seule auberge qui n'a pas encore osé usurper le titre d'hôtel, située au pied du fort, tient quelques lits à la disposition des personnes qui craignent de passer la nuit dans le bateau. Il faut dire qu'il en est peu qui aient cette crainte et qu'il est amusant de voir chaque voyageur préparer la place où il pourra goûter quelques heures de sommeil. Peu disposés à demander à Morphée l'influence de ses pavots, un anglais, un piémontais, deux lyonnais et moi, liés par une de ses intimités qui s'improvisent si facilement en voyage, entre personne de la même condition, demandâmes un jeu de carte. Le garçon nous l'apporta conjointement avec un réglement qui nous imposait l'obligation de cesser à onze heures précises, parce que le salon où nous nous trouvions venait d'être transformé en chambre à coucher, après avoir servi de salle à manger. A minuit, notre partie continuait encore, lorsqu'un goutteux de mauvaise humeur, nous attribuant son insomnie, nous signifia très impoliment de cesser.

Le maudit goutteux étant à cheval sur le réglement, nous ne pûmes le désarçonner et nous cherchâmes à nous gîter. L'un s'étendit sur deux tables et prit une cruche pour traversin, non sans se plaindre de la dureté de sa couche; l'autre, apercevant une place à côté du goutteux, s'y casa, avec l'intention de lui faire payer cher l'interruption de notre partie; et, en effet, aux interpellations qui se succédèrent : — Vous vous appuyez sur ma jambe malade ! — C'est à n'y pas tenir ! — Je crois que Monsieur le fait à dessein ! — nous jugeâmes que notre vengeance serait complète. L'anglais, étendu sur quatre tabourets, s'était endormi très promptement, lorsqu'en voulant se retourner, oubliant l'étroitesse de son lit, il tomba si lourdement que le bateau en fut ébranlé et que chacun se leva spontanément croyant à une explosion.

Goddem! moi être tombé dans le petite rue, dit l'anglais d'une voix si piteuse, que les éclats de rire accueillirent sa mésaventure. Depuis lors, les plaisanteries et les jeux de mots se succédèrent comme un feu roulant, au grand désappointement de quelques rares *somnifères*, à la satisfaction du plus grand nombre des voyageurs qui regrettaient peu un sommeil difficile et trop souvent interrompu. A la première apparition du crépuscule, avant trois heures du matin, le bateau démarra.

Nous traversâmes une gorge qui me parut une belle horreur; de chaque côté s'élevaient des rochers perpendiculaires de quatre à cinq cents pieds de hauteur, qui paraissaient se perdre dans les cieux et s'être séparés pour laisser passer le fleuve. Celui-ci furieux cherche vainement depuis des siècles à élargir son lit de pierre trop resserrée en cet endroit. Ses efforts sont impuissants, parce que la nature siliceuse des liens qui l'enserrent les rend indestructibles. Après cette gorge, nous retrouvâmes une plaine sablonneuse dominée par le mont du Colombier, un des plus imposants de tous ceux du Bugey. Enfin, abandonnant le Rhône, nous entrâmes à sept heures, après de difficiles manœuvres, dans le canal de Savières qui conduit au lac du Bourget et nous nous trouvâmes à Chana, village sarde, en présence de la douane savoyarde.

III.

La douane considérée généralement. — La douane française.
— La tabatière à musique. — Les douaniers de Groslée.
— L'antiquaire et ses assiettes. — Le drapeau tricolore
enlevé par ordre du roi de Sardaigne. — La douane savoyarde.—Les passeports.—La jeune dame de Lyon et son
carabinier.—La visite des effets.—La chasse aux idées.—
La couverture de laine. — Les couverts d'argent. — Le canal de Savières. — Le lac. — Le port de Puer.

La douane, à quelque pays qu'elle appartienne, est
une institution déplorable qui s'oppose à la fusion des
intérêts et par conséquent à l'union si désirable entre
les peuples. C'est une insulte permanente que deux pays
se jettent à la face : tu ne veux pas de mes vins, je re-
pousserai tes fers, je prohiberai tes gazes. C'est une

de ces entraves fâcheuses qui empêchent toute concurrence, nuisent par conséquent au bien être du plus grand
nombre et ne profitent qu'à quelques employés dont l'impolitesse et les vexations sont intolérables. Et peut-il en
être autrement, lorsque ces messieurs trouvent un titre
d'avancement dans la sévérité qu'ils déploient et un
bénéfice dans les prises qu'ils effectuent ! La douane
est donc une barrière anti-sociale, que le progrès, ce
puissant modificateur, ne doit pas tarder à renverser.

La guerre qui protége l'honneur a déjà cédé sa place
aux traités ; une insulte se venge aujourd'hui avec des
canons... de plume et des protocoles. Car, malgré tous
ces préparatifs belliqueux, ces armemens formidables,
la paix à tout prix sera conservée, n'en doutez pas.
Pour que la guerre eut lieu, il faudrait qu'elle put
être profitable aux rois. Comme appuyée sur la propagande, elle le serait certainement aux peuples, elle
n'aura pas lieu. Je dis donc que puisque la guerre a
disparu, à plus forte raison devrait-il en être de même de
la douane qui outrage l'honneur par sa suspicion con-
tinuelle et ses recherches révoltantes. Le jour où elle
tombera, le commerce prendra un essor incalculable ;
trente mille douaniers et quatre-vingt mille contre-
bandiers seront en France, rendus à l'industrie pro-

ductive et à l'agriculture qui manque de bras. Le nombre déjà si considérable des voyageurs centuplera et l'Europe entière pourra faire une seule et même famille.

Puisque je parle des douanes, je saisirai cette occasion pour affirmer, que celles de la France méritent le premier rang par la manière vraiment révoltante dont elles procèdent à leurs recherches et à leurs saisies. Deux faits dont j'ai été témoin à mon retour d'Aix le prouveront péremptoirement. Je croyais que tous les hommes sont égaux devant la loi et ne peuvent être arrêtés ni incarcérés qu'en vertu d'un mandat émanant d'un juge spécial ; je me trompais, ou bien la douane se met au-dessus des lois. Elle saisit une tabatière à musique, parce que celui qui en est nanti n'a pas un habit, et qu'un prolétaire ne doit pas aimer la musique.—Sous le prétexte absurde qu'il a traversé une première ligne sans faire de déclaration, il est arrêté et incarcéré, sans même qu'on lui laisse prendre ses effets, bien que plusieurs de ses camarades attestassent qu'il possédait cette tabatière depuis deux ans. Domestique à Lyon où il était attendu, il ne cherchait nullement à spéculer sur cet objet, qu'il n'avait pas voulu cacher, puisqu'il l'avait fait entendre plusieurs fois sur le bateau. Nul doute que le pauvre diable ne déplore aujourd'hui, outre son arrestation, et la perte de sa tabatière et celle bien plus fâcheuse de sa place.

Avouez, Messieurs les douaniers du bureau de Groslée, direction de Nantua, que vous avez fait là une honorable prise et que vous avez bien mérité du commerce et de l'industrie française. Continuez d'aussi importantes saisies, et soyez assurés que sa majesté le roi des Français aura bientôt l'honneur de vous visiter et de vous adresser cette flatteuse allocution : «—Mes chers camarades de la douane de Groslée, combien je vous félicite de votre bienveillante protection pour les arts et particulièrement pour la musique ; vous ne voulez pas que l'harmonie sorte de la poche d'un prolétaire, vous ne voulez pas qu'elle nous vienne de l'étranger. C'est on ne peut plus patriotique. Continuez à surveiller les tabatières ; ne ménagez pas les prises et vous acquérerez de justes droits à ma royale bienveillance. » Les douaniers seront dans le cas d'éter_nuer d'enthousiasme... que le bon Dieu les bénisse !

Autre exemple : Un amateur d'antiquités avait dans sa malle six assiettes fêlées en porcelaine de Chine. On l'avertit à la première ligne qu'elles sont sujettes à un droit sans lui en indiquer la quotité. Avant d'at—

teindre la seconde ligne, le capitaine du bateau ré-
clame 8 francs qu'il a payés, l'antiquaire indigné veut
jeter à l'eau ses assiettes qui ne valent pas la moitié
de ce prix. A la seconde ligne il se plaint, et demande
à voir la taxe, on lui répond brutalement qu'il ait
à payer, que la douane n'a rien à lui montrer. Ainsi
d'une foule d'injustices et de vexations criantes qui
passent inaperçues ; ainsi d'une foule de droits qui se
prélèvent et ne remplissent probablement pas la caisse
du budjet ; ainsi d'une foule d'actes arbitraires qui
se commettent sous notre ère de liberté et dans le
pays qui passe pour le plus éclairé et le plus tolé-
rant du monde... allez y voir ..... à la douane surtout!

En entrant dans le royaume de Sardaigne je sentis
la rougeur me monter au front et l'indignation crisper
tous mes membres, lorsque je vis enlever le drapeau
tricolore qui flottait à la poupe de notre bateau et
ce par ordre du roi de Chypre et de Jérusalem, et
nos gouvernants si débonnaires se soumettent à
une exigence aussi révoltante, et nous supportons pai-
siblement un tel outrage, et on nous parle de dignité
au dehors, honteuse et amère dérision? Qu'en arrivant
dans les états Sardes, on arbore à la proue l'éten-
dard du pays, cela devrait se faire par politesse, mais

qu'on respecte à la poupe celui des Français, quand ce ne serait encore que par politesse.

A la douane de Chana, les passeports furent demandés ; et à propos de passeports je me permettrai encore une observation : exigeons-nous de tous les Savoyards qui viennent en France ramasser un certain pécule, exigeons-nous, dis-je, lorsqu'ils arrivent, un passeport à l'étranger et lorsqu'ils repartent un visa de sortie du coût de 4 francs ? non sans doute ! Pourquoi la Savoie se montre-t-elle plus exigeante envers des Français qui ne vont pas ramasser, mais dépenser, en Sardaigne des millions ? Autrefois le simple certificat d'un médecin, légalisé par un maire, suffisait pour se rendre à Aix. Tout-à- coup cette tolérance a cessé, et bien des baigneurs, l'ignorant, se sont trouvés dans l'obligation de retourner sur leurs pas, ou d'attendre de nouveaux papiers. Une dame de Lyon qui avait, sans doute, cru que sa jeunesse et ses attraits lui serviraient de passeport a eu, jusqu'à l'accomplissement de cette formalité, un carabinier à la porte de sa chambre, à la porte de son cabinet de bain, voire à la promenade et au bal même. Où la peur va-t-elle donc se nicher ! Espérons que le roi Charles-Albert, mieux instruit et plus éclairé sur les intérêts du pays qu'il administre, laissera bientôt librement circuler dans la partie de ses états où affluent les baigneurs, s'il ne veut pas s'exposer à de justes représailles et voir déserter les eaux thermales, source inépuisable de prospérité pour un grand nombre de ses sujets.

Après l'examen et le visa des passeports, tous les effets furent transportés dans un bâtiment spécial. Les dames passèrent dans un cabinet particulier et furent soumises à cette investigation révoltante qu'on nomme la visite personnelle. Les hommes furent tâtés par deux douaniers qui les explorèrent assez superficiellement. Mais il n'en fut pas de même des effets. Les mains crochues des suppôts de la douane pénétrèrent partout, rien ne leur échappa. Le nécessaire parfumé de la jeune fille, où reposaient mollement quelques bijoux ; la boîte du goutteux, où étaient entassés compresses et pois à cautères; le ridicule de la vieille femme, où le bonnet de nuit servait d'enveloppe à un morceau de fromage, la tabatière dont la capacité paraissait suspecte, la robe dont la couture n'était pas sérieuse, tout fut soumis à un sévère examen. Mais la chasse la plus suivie fut celle faite aux idées. Le roi de Sardaigne redoute singulièrement le progrès, et la fièvre jaune traverserait plus facilement un cordon sanitaire, qu'une page exprimant une opinion libérale ne traversera l'inquisition savoyarde. Le *Jocelyn* de M. Lamartine est mis à l'index. Le *Constitutionnel,* si usé, si cassé, qui aurait vraiment besoin de quelques douches chaudes pour reconquérir un peu de son antique vigueur, le *Constitutionnel,* dis-je, est considéré comme un progressif enragé. Le *Siècle,* si ministériel, si doux, si pacifique, est classé parmi les incendiaires. Le *National* serait plongé dans le vinaigre et ne serait touché qu'à l'aide de pincettes, comme pestilentiel. La *Quotidienne,* la *Gazette de France,* la *Mode,* le *Réparateur du Lyonnais* ont seuls droit d'entrée, comme journaux bien pensants. L'Anglais dont j'ai parlé avait avec lui les *Paroles d'un Croyant,* par M. de Lamennais. — Ce livre n'entrera pas, il est prohibé, dit un douanier. — Pourquoi, reprit l'Anglais ? — Parce que sa lecture est regardée comme dangereuse ; cependant, vous pouvez nous le confier, et, si votre intention est de repasser, vous le retrouverez à la douane. — L'Anglais réfléchit un instant, puis répliqua : « Si ce lecture, il peut être dangereux pour moi, il pourra être beaucoup dangereux pour le douane, » et il déchira le pauvre Lamennais en mille morceaux. Un autre voyageur avait dans sa malle les *Mémoires d'un sans-culotte Bas-Breton,* par Emile Souvestre. A la lecture du titre l'inspecteur fit une horrible grimace. « Sans-culotte ! murmura-t-il... révolutionnaire... prohibé. En vain le propriétaire attesta que son sans-culotte était décent, sa nudité effaroucha la susceptibilité savoyarde et le *Bas-Breton* fut consigné. Mais ce qui me jeta dans une stupéfaction indicible lorsque mon tour vint, ce fut l'arrestation de plusieurs numéros du *Patriote de Saône-et-Loire* et du *Patriote Jurassien,* contenant quelques-uns de mes feuilletons. Les *Patriotes,* à cause de leur titre, ne purent passer.

Singulière prétention, vraiment, que celle d'un gouvernement absolu voulant s'opposer à l'introduction des idées progressives, comme à celle d'une marchandise de contrebande : comme si le progrès n'était pas cette lumière impalpable, insaisissable qui frappe tous les yeux, et doit, envers et contre tous, éclairer bientôt toutes les intelligences.

Le roi de Sardaigne prohibe tout écrit qui ne prône pas l'autocratisme ou s'avise de parler d'indépendance; et, cependant, je sais pertinemment qu'il reçoit les journaux français les plus avancés. Il lit le *Charivari,* et divers *Patriotes.* Celui de Saône-et-Loire a même l'honneur insigne de le compter au nombre de ses

abonnés. Serait-ce qu'ayant pour préservatif une couronne et des pouvoirs sans limites, il ne craigne pas
la contagion, ou qu'il puise dans cette lecture un
aliment à sa haine contre la liberté. Quoiqu'il en soit,
je le considère comme un égoïste, admettant que ce qui
est permis aux rois devrait être permis aux peuples....

Après une heure employée à pester, déballer et ré-
amballer, on nous permit de repartir : mais, avant de
quitter la douane savoyarde, je dois signaler un abus
indigne d'un gouvernement loyal et contre lequel la
France devrait s'élever, si toutefois les douanes fran-
çaises n'usent pas du même moyen, fort ingénieux,
vraiment, mais peu délicat. Le voyageur ignorant les
articles prohibés, ou soumis à d'énormes droits qui
équivalent à une prohibition, se trouve nanti, sans le
savoir, d'objets qui ne peuvent entrer en Sardaigne.
La justice semble indiquer, qu'en les renvoyant en
France, la douane devrait être satisfaite. Cette justice
ne serait pas productive, et voici comment agit le fisc:
je cite deux exemples.

Une vieille dame, prévoyante comme on l'est à cet
âge où la prévoyance frise le ridicule, allant à Aix, et
sachant qu'une couverture de laine était nécessaire
pour prendre des douches, en acheta une à Lyon au

prix de 12 fr. La couverture fut soumise par la douane savoyarde à un droit d'entrée tellement fort, que la dame préféra laisser sa couverture et pria le capitaine du bateau de vouloir bien la retourner à Lyon, à l'adresse qu'elle indiqua, mais il n'en devait pas être ainsi. On la prévint que ladite couverture allait être envoyée à Chambéry, puis de Chambéry renvoyée à Aix, où elle serait remise le jour du départ à la propriétaire. En effet, elle reçut le paquet de Chambéry avec une masse de notes et d'écritures se résumant par un total de 9 fr. 50 cent., pour droit de transit, de dépôt, de transport, de plombage, etc., etc. La dame se récria et menaça d'abandonner un objet de trop minime valeur pour qu'elle se résigna à payer un tel prix. Pour la rassurer et percevoir le montant des notes, l'employé ne se fit aucun scrupule de lui assurer que la plus grande partie de la somme lui serait rendue à sa sortie de Savoie. Confiante dans cette assurance, et arrivée à la douane de Chana, elle réclama, mais on rit de ses prétentions qu'on traita de ridicules. Sa chère couverture avait presque doublé de prix et n'était cependant pas encore arrivée au taux de sa valeur. La douane française était là, non moins avide que sa voisine, qui réclama 4 fr. de droit. La dame paya de fort bonne grâce avec l'intention de mettre sous verre sa précieuse couverture.

Le vieux goutteux, dont il a déjà été question, transportait à Aix douze couverts d'argent, usés et bosselés, dans l'intention de les prêter, pendant la saison des eaux, à la maîtresse de la pension où il mangeait chaque année. Les couverts d'argent subirent le même sort que la couverture précitée, mais le plaisant, disons plutôt le révoltant de l'affaire, c'est qu'après avoir été introduits forcément en Savoie, il fallut, pour les rentrer en France, payer des droits aussi exhorbitants qu'injustes, puisque l'argenterie portait le timbre de France; et c'est ainsi qu'opèrent presque toutes les lignes de douane, et vous voulez que, observateur bénévole, je tombe en extase devant ces institutions dites nationales. C'est de boue dont il faut les couvrir, afin qu'elles ne blessent plus les yeux et que les voyageurs les supporte comme le pestiféré subit les conséquences du venin qu'il n'a pu éviter.

Je m'aperçois que, dans mon admiration pour la douane, j'ai oublié et laissé partir le bateau à vapeur, qui traverse actuellement le canal de Savières. Comme, dans ce passage étroit et tortueux, il jouit à peine du libre exercice de ses roues, nous l'aurons bientôt atteint.

La tradition attribue l'origine de ce canal à une pensée d'amour et de poésie éclose dans le cœur d'une femme aimée. Une princesse de Lavaur (Bugey) aurait fait creuser ce canal pour pouvoir communiquer avec son amant qui habitait Chambéry. Si la tradition était vraie, le canal serait moins irrégulier ; car l'amour aime les lignes droites... Pendant le trajet, le bateau est tiré tantôt à droite, tantôt à gauche, par six hommes à la course; à chaque contour, ils opèrent des tractions comme des bêtes de somme. Pourquoi ne pas élargir ce canal pratiqué dans un terrain d'alluvion très facile à enlever. Le prix que donne chaque année la compagnie des bateaux à vapeur à ces six hommes-chevaux, joint à celui que ne saurait refuser le gouvernement sarde, rendrait en peu de temps ce canal très navigable. Dix minutes suffiraient alors pour le traverser, tandis que, dans son état actuel, il faut une demi-heure pour atteindre au lac du Bourget. Sur ce lac remarquable par son encadrement de hautes montagnes et la couleur de ses eaux, d'un bleu d'azur, le *steamer* prend ses ébats et déploie toute la rapidité de sa marche. En passant, nous saluâmes Haute-Combe, sépulture des anciens ducs de Savoie, et, à dix heures du matin, nous touchâmes au port de Puer, à dix minutes d'Aix. Quarante-deux baigneurs débarquèrent ; et, tandis que le bateau se rendait au chemin de fer qui conduit à Chambéry, nous montâmes dans des omnibus qui nous transportèrent dans la cité des bains.

IV.

Aix. — Son origine. — Epoque de l'année où affluent les
baigneurs. — L'impression que la ville produit à ceux qui
la visitent. — Prix des pensions. — Trois Anglais éco-
nomes. — Le vin mauvais. — Les lits durs. — Caractère
des habitants.—Enumération des agréments que présente
cette localité. — Les promenades. — Le Cercle ou Casino.
— Le théâtre. — Les eaux.

IV.

Aix-en-Savoie, appelé, dans ces derniers temps, par
quelques personnes Aix-les-Bains, remonte à la plus
haute antiquité, puisque la tradition et les monuments
qui ont échappé à la faux du temps démontrent qu'il
était déjà un lieu considérable chez les Allobroges avant
la conquête des Gaules par les Romains, qu'ensuite il

appartint à la Gaule narbonnaise, puis au royaume de Bourgogne et enfin à la Savoie.

Quelques historiens attribuent à l'empereur Gratien le premier établissement des thermes, d'où *Aquæ gratianæ*, d'autres prétendent qu'*Aquæ gratianæ* est le diminutif d'*Aquæ gratianopolitanæ* trouvé dans les chartes ecclésiastiques des XIe, XIIe, et XIIIe siècles, époque où Aix appartenait au diocése de Grenoble qui s'étendait alors jusqu'à la rivière de Sierroz. Quoiqu'il en soit, il paraîtrait que, sous Auguste, il était déjà le rendez-vous des riches malades de Rome, et cependant il ne reste des anciens maîtres du monde que quelques ruines. L'arc de Campanus, le temple de Diane, aujourd'hui transformé en théâtre, et les restes des anciens bains, désignés sous le nom de *vaporarium* romain et découvert dans la cave d'un particulier. L'un de ces bains, le mieux conservé de tous, se nomme le bain de César, sa forme est celle d'un octogone irrégulier qui présente à sa circonférence, des gradins revêtus de marbre blanc. En outre, on trouve encore à Aix une foule d'inscriptions funéraires ou votives.

L'arc de Campanus semble avoir fait partie des thermes Romains et leur avoir servi de porte d'entrée. On a beaucoup discuté sur la destination primitive de ce monument encore bien conservé ; les uns en ont fait un arc de triomphe élevé en l'honneur de Lucius Pompeïus Campanus, consul. Si cela était, à en juger surtout par les dédicaces que présentent les inscriptions, il eut été construit pour perpétuer le souvenir d'une famille entière, celle de Pompeïa.

Voici ces inscriptions :

POMPEIO CAMPANO AVO A PATRE.

A Pompeïus Campanus, grand-père du côté paternel,

CAIIAE SECUNDIN. AVIAE A PATRE.

A Caïa Secundina, grand'mère du côté paternel.

POMPEIAE MAXIMAE SORORI.

A Pompeïa Maxima, sa sœur.

POMPEIO CAMPANO FRATRI.

A Pompeïus Campanus, son frère.

Sur l'architrave :

D. VALERIO GRATO.

A Decius Valerius Gratus.

CAIIO AGRICOLAE.

A Caïus Agricola.

POMPEIAE L. SECVNDIN. AMITAE.
A Pompeia Lucia Secundina, sa tante.

C. POMPEIO JVSTO PATRI ET PARENTIBVS.
A Caïus Pompeïus Justus le père, et à ses parents.

VOLVNTILIAE C. SENTIAE AVAE AMATAE
A Voluntilia Caïa Sentia, aïeule chérie.

C. SENTIO JVSTO AVO AMATO.
A Caïus Sentius Justus, aïeul chéri.

T. CANNVTIO ATTICO PERPESSO.
A Titus Cannutius Atticus Perpessus.

L. POMPEIO CAMPANO CAMPANI ET SENTIAE FIL.
A Lucius Pompeïus Campanus, fils de Campanus et de Sentia.

Sous l'architrave :

L. POMPEIVS CAMPANVS FECIT.
Lucius Pompeïus Campanus, de son vivant,
fit ériger ce monument.

Par suite des bouleversements que la ville d'Aix pa—

rait avoir éprouvés, son terrain s'étant élevé, avait en-
foui, de 8 à 9 pieds, la base de cet arc qui aujourd'hui
est entièrement dégagé. Sa hauteur est de 8 m. 60 c.,
sa largeur de 6 m. 80 c. Ce qui prouverait que ce monument, élevé dans l'ordre ionique et dorique, a servi
de porte d'entrée, c'est qu'il est impossible qu'il ait pu
se rattacher à d'autres constructions que par ses côtés.
L'attique dont il est surmonté le démontre suffisam-
ment.

Non loin de l'arc de Campanus se trouvent des ruines
que la tradition attribue à un temple de Diane ; il était
construit d'énormes quartiers de pierres régulièrement
superposées les unes aux autres, sans ciment, à la manière des Romains. Ce temple, entouré d'une corniche
qui couronnait les murs, avait 14 m. 94 c. de longueur,
de largeur, du nord au sud, 9 m. 42 c., et d'élévation
au-dessus du sol 8 m. 12 c., sans compter le fron-
ton dont la hauteur est le sixième de la longueur du
tympan.

Ce temple, situé dans l'enceinte du château du marquis d'Aix, a subi une ridicule transformation, ainsi
que j'aurai bientôt l'occasion de l'indiquer.

Situé dans une vallée charmante, ne s'élevant qu'à
264 mètres (792 pieds) au-dessus de la mer, Aix jouit

d'un climat doux et tempéré, l'air y est si pur et l'eau si bonne, que le crétinisme, les scrophules et le goître y sont inconnus. Le docteur Cabias assure même qu'en 1564, lorsque la peste étendait ses ravages dans les pays environnants, Aix fut préservé du fléau et la tradition est d'accord avec lui. Il possède deux sources d'eaux thermales, l'une sulfureuse, l'autre dite d'alun, qui jaillissent avec une abondance vraiment extraordinaire, plus une source sulfureuse froide, dite Chevillard, une d'eau ferrugineuse, dite de Saint-Simon, qui feraient, à elles seules, la fortune d'une autre localité; enfin, plusieurs sources d'eau pure qui sourdent sans mélange à côté de leurs rivales.

Déserte et silencieuse, pendant huit mois, comme une ruche abandonnée, cette ville commence à prendre de l'animation à la fin de mai, époque où reviennent les abeilles riches de butin, et pour parler sans métaphore, époque où commence la saison des eaux. Quatre mille baigneurs y arrivent successivement, et la population qui ne dépasse guère trois mille ames, se trouve ainsi doublée, pendant quelques mois, sans encombrement, parce que plus de 50 hôtels ou pensions y sont établis, et chaque propriétaire, soit artisan, soit rentier, devient logeur, cède ses appartements et se re--

lègue à la mansarde. J'ajouterai que les vivres y affluent en abondance et que Chambéry, ville de ressource, la capitale de la Savoie. n'est qu'à 8 kilom. (deux petites lieues) de distance.

Les étrangers qui cherchent une guérison s'y rendent les premiers, ceux qui courent après les plaisirs, leur succèdent. Du 15 juillet à la fin d'août, se remarquent les plus nombreuses et les plus brillantes réunions. A la fin de septembre, Aix est rentré dans un isolement d'autant plus triste qu'il succède tout-à-coup à un mouvement et à une activité très remarquables.

La première impression que l'on éprouve en entrant dans la vallée des bains, c'est d'abord une profonde admiration à la vue de ses deux majestueuses montagnes le Nivolet et le mont du Chat, dont la position topographique, au levant et au couchant, fait que l'une est constamment éclairée, tandis que l'autre projette des ombres gigantesques dans la plaine. Ces deux monts si imposants dominent le lac du Bourget, les riantes collines de Tresserves, de Mouxi, des Innocents et celle sur la pente de laquelle se groupe la ville. Les yeux se reposent avec plaisir sur cette belle avenue de peupliers qui bordent la route, d'Aix au port de Puer, sur ces nombreux et riches tapis de verdure, vivifiés par les eaux thermales, sur cette végétation généralement admirable, sur ces arbres si verts et l'ombrage si frais de la promenade dite du Gigot, rendez-vous des joueurs de boules et des baigneurs impotents. Puis, on est désagréablement surpris de voir des rues étroites, montueuses, sans alignement, des maisons sans ornement, élevées sans goût, jetées çà et là d'après le caprice des propriétaires. L'odorat est péniblement affecté des vapeurs d'hydrogène sulfuré, comparable à celle des œufs couvis, vapeurs qui s'échappent des eaux chaudes des ruisseaux. La place principale est le seul endroit de la ville qui présente quelque régularité, aussi devient-elle le rendez-vous de tous les étrangers qui y trouvent les principaux établissements publics, hôtels, cafés, cabinets littéraires, le tout mesquin, sans luxe, sans apparence; tant il est vrai qu'à Aix la nature fait tous les frais, et que l'art n'y est pour rien.

Chaque voyageur, connaissant le plus ordinairement la maison où il doit s'adresser, est bientôt casé. Moyennant 6 fr. par jour et par tête, nous fumes nourris et logés. C'est le taux ordinaire des fortunes moyennes ; car, à Aix, se trouvent des pensions à tout prix, depuis 2 fr. et au-dessous, où se réfugie le prolétaire, jusqu'à

50 fr. et au-delà, où n'est admis que le voyageur en chaise de poste. Un des Rostchild se présenterait à pied dans un de ses hôtels aristocratiques, annoncerait sa précieuse qualité d'un des premiers banquiers de l'Europe, qu'on ne daignerait pas le recevoir, ne pouvant supposer qu'un banquier qui se respecte n'ait pas sa voiture et ses gens.

Trois Anglais, véritables *gentelmen*, demandèrent à dépenser 700 fr. par jour, exigeant, à chaque repas, des vins de Bordeaux et de Chypre et tout ce que l'art culinaire inventa de plus parfait, menaçant de partir si leur carte ne pouvait atteindre à ce prix. Elle s'élevera à 1,000 fr. par jour, si vous le désirez, s'était empressé de répondre le maître d'hôtel, trop dévoué et trop complaisant pour ne pas chercher à satisfaire d'aussi nobles étrangers. Il ajouta : je possède les vins que vous réclamez, je vous en garantis l'origine ; je vous servirai des truites de 18 à 20 livres, des ombles-chevaliers de toute grosseur, je les ferai pêcher à votre intention. Vous aurez aussi des compotes de Chambéry et des gâteaux de Savoie que l'Angleterre et la France cherchent vainement à contrefaire. Et, en effet, l'hôtelier tint loyalement ses promesses. Le vin de Bordeaux coula à flots, mais il est bien de dire que Bor-

deaux est un village situé sur les bords du lac du Bourget. Le vin de Chypre ne fut pas épargné, c'était le
meilleur de tous ceux récoltés dans les Etats sardes ;
l'aubergiste ne mettant pas en doute que Chypre et
Savoie ne fussent synonymes, le roi de Sardaigne s'in-
titulant le roi de Chypre. Les truites et les ombles-chevaliers étaient vrais, sans peser exactement 18 livres ;
les compotes et les gâteaux d'une naissance incontestable. Aussi les trois Anglais, fort peu connaisseurs
en vin, qui voyageaient, autant pour faire des économies que pour secouer le joug si pesant des rosbifs,
des bifstecks, des plungpundings, tous mets des plus
nationaux, étaient-ils *beaucoup fort satisfaits,* disaient-
ils, *de la légèreté et de la vérité de leur alimentement.*

Toute plaisanterie à part, on vit très bien à Aix, les
tables y sont abondamment servies, les mets délicats,
très variés, et la nourriture y serait irréprochable, si
le vin était meilleur. La plus mauvaise piquette du Ma-
connais est à préférer au vin qui se sert dans le plus
grand nombre de pensions, vin du cru dans toute sa
pureté native, qui ne doit sa consommation qu'au droit
exhorbitant de 75 c. par litre qui pèse sur les vins étrangers. Les logements sont propres, mais les lits sont rem-
bourés avec excès de grosse paille et de crins qui trans-

percent leur enveloppe ; entièrement veufs de plumes,
ils présentent un caractère tellement dur et piquant
que rien ne peut les fléchir et qu'ils ont été longtemps
pour moi de véritables lits de Procuste. A part ces lé-
gers inconvénients, on jouit à Aix de tous les avantages de la civilisation la plus avancée. Vatel, pour son
art, les parisiens, pour leur politesse, y trouveraient
des maîtres. Les habitants sont affables et d'une complaisance à toute épreuve (disons, entre deux paren-
thèses, que chaque complaisance est tarifée, mais le
voyageur s'estime toujours heureux de pouvoir en
trouver à prix d'argent). Leur probité est proverbiale,
leur confiance illimitée ; au résumé, ce sont de bons et
honnêtes savoyards.

Quant aux distractions et aux plaisirs qu'Aix peut
offrir aux étrangers, ils sont nombreux, appropriés à
tous les âges et à tous les goûts. En voici une succincte
énumération :

Promenades charmantes, des plus pittoresques et des
plus divertissantes, surtout faites à âne, ainsi que je le
décrirai plus tard ; routes sablées, très bien entretenues
et toujours ombragées, et qui invitent à l'équitation ;
nappes d'eau admirables ; commodes nacelles qui enga-
gent à la navigation, pêche à la ligne, pêche au flam-

beau, pêche aux écrevisses, chasse aux papillons, c'est le seul volatil qu'au temps prohibé il soit permis de poursuivre ; cercle ou *Casino* très brillant, puisqu'il compte jusqu'à 700 souscripteurs, contenant un cabinet de lecture, un billard, une salle de jeux, deux magnifiques salons pour la musique et la danse. Chaque soir, concert et bal. Le jeudi et le dimanche, grandes fêtes, où la redingotte est proscrite, et qui sont vraiment prestigieuses par le luxe qui s'y étale et les beautés qui s'y remarquent. Dans les concerts et les bals, l'orchestre est dirigé par les frères Strausss et Lévy, dont la réputation justement méritée tient un des premiers rangs dans le monde musical.

Il existe bien encore, à Aix, un théâtre dont les décors sont en papier bleu, la disposition si grandiose que les acteurs, venus de Chambéry, touchent les frises, et les danseurs, exécutant un entrechat, disparaissent dans les nues, tandis que les spectateurs sont juchés sur des bancs à l'état de simple nature ; c'est un véritable théâtre de foire, digne de Polichinelle, et pouvant à peine contenir 60 personnes. Mais que pourrais-je en dire, si ce n'est..... Hélas ! et c'est le temple de Diane que des vandales ont ainsi profané, et M. le marquis d'Aix, à qui appartient ce théâtre, n'a pas craint de laisser col-

ler son nom, en belles lettres de papier jaune, au-
dessus d'une cage à poulet portant cette inscription :
loge du marquis d'Aix. O Diane, déesse si chaste et si
suseptible, combien tu auras à rougir, si la mode, si
capricieuse et si puissante, ramène un jour ici-bas les
dieux de l'Olympe ; combien tu gémiras de voir quelques saltimbanques parader au même lieu où jadis
l'encens brûlait sur tes autels ; armée non d'un fouet,
mais de tes flèches acérées, combien de Pharisiens n'au-
ras-tu pas à chasser de ton temple.

Tirons un voile sur ce théâtre de carton, afin de ne
ridiculiser ni son propriétaire, ni l'administration d'u-
ne ville où les étrangers versent l'or à pleines mains,
et où l'on pourrait faire plus pour leur plaire et les
attirer.

Enfin, pour achever le programme des avantages
dont on peut jouir à Aix, j'ajouterai que les malades
y trouvent des eaux vraiment merveilleuses contre une
foule d'affections, et que, pendant les mois de juin,
juillet, août et septembre, ils forment la majeure partie de la population foraine. Cette ville présente alors
le spectacle le plus curieux, l'assemblage le plus bizarre de toutes les douleurs et de toutes les jouissances
humaines. Dans chaque rue vous rencontrez des boi-

teux, des dartreux, des estropiés; vous remarquez de ces figures pâles et étiolées, attestant qu'elles sont sous une influence morbide; l'un traîne avec un cordon sa jambe en retard, l'autre tient son bras en écharpe ; celui-ci s'avance clopin-clopant, s'appuyant sur un ou deux bâtons, sur une ou deux béquilles, celui-là soutenu par un ou deux aides ; et, tout à côté de ses infirmités qui jettent dans l'ame un sentiment de tristesse, vous rencontrez le dandysme dans tout son luxe, les *lions* et les *lionnes* dans toute leur puissance, réunion bizarre, indiquant assez que le plaisir, aussi bien que la maladie, attire dans ce séjour, où Vénus et la déesse Hygie exercent simultanément leur empire.

V.

La liste des étrangers. — Mlle Dangeville, son ascension sur le mont Blanc, sa transformation en mendiante. — Les tables d'hôtes. — La chanoinesse. — Le négociant sans appétit. — Le Roi de Vurtemberg. — Le service à la russe, à la suisse. — Les échansons. — Les rince-becs. — Le dîner royal. — Tribulations d'un des convives.

La première occupation de l'étranger après s'être
casé est de consulter la liste de tous les baigneurs
venus à Aix depuis le commencement de la saison.
Cette liste qui reçoit chaque jour un supplément
est imprimée et distribuée dans tous les lieux publics.
Elle présente un avantage réel, celui d'indiquer aux

nouveaux venus l'adresse des personnes avec lesquelles ils désirent se mettre en rapport. Elle sert en même temps d'aliment à la curiosité, de carrière aux suppositions et de prétexte aux narrations. Lisant sur une d'elles le nom de Mlle Dangeville, une personne présente me traça aussitôt la biographie de cette illustre voyageuse. Mlle Dangeville a gravi le mont Blanc et a failli périr dans cette ascension qui lui a couté plus de six mille francs. Tous les journaux ont raconté les épisodes de ce voyage vraiment aérien qui annonce beaucoup de force d'ame et d'intrépidité de la part de celle qui l'a entrepris. A son retour à Chamouny elle a été portée en triomphe. Les guides s'extasiaient sur le courage de l'héroïne et son amour propre dût être bien flatté de l'admiration de ces gens, si habitués aux dangers, si journellement exposés aux périls.

Mlle Dangeville donnait beaucoup aux pauvres, sans posséder une grande fortune. Ses amis et ses parents lui reprochaient une charité mal entendue et trop illimitée, lui répétant chaque jour que les mendiants étaient beaucoup moins à plaindre qu'on le croit généralement. Voulant s'assurer de la vérité de ces allégations, cette demoiselle prit un jour le costume d'une pauvre femme qui demandait habituellement

Arc de Campanus, sur la voie des Thermes antiques.

Temple de Diane, aujourd'hui théâtre d'Aix.

de porte en porte. Après avoir fait blanchir ses vê-
tements rapiécés et s'être affublée d'un bonnet déchiré
qui lui cachait une partie de la figure, prenant une
besace, courbant sa taille, déguisant sa voix, Mlle Dangeville commença sa tournée. Dans chaque maison
elle reçut un morceau de pain, ou une pièce de monnaie, si bien que le soir elle fléchissait sous le faix
des aumônes et comptait 3 fr. 75 c. de recettes. Mais
alors elle faillit payer un peu cher son épreuve philantropique. Un paysan chez lequel plusieurs objets
avaient été volés la veille, trouvant Mlle Dangeville
à sa porte, crut découvrir dans son maintien em-
barassé la mendiante qu'il soupçonnait, s'approchant
d'elle, il la saisit brusquement par un bras et lui
arracha son bonnet. Il reconnut aussitôt la bienfaitrice
des malheureux du pays et tomba à ses pieds lui de-
mandant pardon de sa méprise. Mlle Dangeville lui
expliqua la cause de son déguisement et borna là son
épreuve redoutant quelque nouvelle mésaventure. Depuis ce jour, la charité de cette demoiselle n'a rien
perdu de sa sollicitude qui est maintenant entièrement
reservée aux pauvres honteux.

Le premier spectacle qui fixe l'attention du baigneur est celui de la table d'hôte où il est admis. 50

et souvent 60 personnes, placées d'après leur ordre d'arrivée, soumettent le nouveau commensal à une inspection vraiment phrénologique ou mieux lavatérienne, les traits et les formes plus que les bosses servant de base aux inductions. On cherche dans sa démarche, dans le jeu de ses membres, s'il est porteur d'un rhumatisme, d'une paralysie ou de tout autre agrément de ce genre; dans sa mise et son langage, à quel rang social il appartient; dans sa figure s'il inspirera de la sympathie: quant au moral, on le réserve pour une inspection ultérieure. La voisine demande à son voisin : Connaissez-vous ce monsieur? savez-vous quelle est cette dame? et dans le cas d'une réponse négative, elle s'adresse après le dîner à la maîtresse du logis qui très souvent n'est guère plus instruite. Car à Aix vous descendez dans un hôtel, vous y séjournez deux et trois mois; vous y êtes servi avec empressement, sans que les maîtres du lieu s'informent de vos ressources et s'inquiètent du paiement de la pension. Il est vrai que dans le cas où ils auraient quelques craintes, ils seraient rassurés par la certitude de voir bientôt s'éclaircir leurs doutes. Car il est impossible à Aix de conserver l'incognito. Tant d'yeux sont ouverts, tant de langues sont actives, tant d'oisifs sont avides de chroniques qu'un baigneur arriva-t-il de la Cochinchine verra s'établir sa biographie. Bientôt connu, il sera entouré d'une considération proportionnée à la quotité de sa fortune, à l'éclat de son nom, à l'authenticité de ses titres de noblesse. Aussi, personne ne cherche à se faire pauvre ni à se ravaler. Celui qui n'a qu'une chaumière parle de son château, celui qui ne possède rien au soleil parle de ses rentes sur l'état. Que de particules! que de rubans usurpés! que voulez-vous, c'est une manie de notre époque, à laquelle il faut attribuer le nombre si considérable de vicomtes, comtes, barons et marquis qui brillent annuellement aux eaux chaudes ou froides, en Savoie comme en France, en Prusse comme en Allemagne.

Comment pourrait-il en être autrement. Inscrivez donc sur la liste des étrangers, ou sur celle du cercle... *M. Bonisson, serrurier.*

En vain posséderez-vous un caractère modèle, une affabilité sans borne, une maladie des plus intéressantes (en admettant toutefois qu'il existe des maladies intéressantes), vous irez partout sans rencontrer une main amie qui se présente et étreigne la vôtre, un chapeau qui se lève à votre aspect, un huissier des eaux qui vous appelle à votre tour, un médecin qui vienne s'informer de l'état de votre santé ou de l'effet d'une douche sur vos douleurs; mais paraphez sur les listes : le duc de Choiseul, ou de Montmorency, c'est à qui vous recherchera, vous saluera, vous ennuiera, vous traitera, j'allais dire vous tuera, lorsque j'ai réfléchi que les médecins des eaux n'étaient dangereux que pour les hydrophobes.

Les suppositions qui, à table d'hôte, poursuivent les nouveaux venus, donnent lieu quelquefois à de grandes erreurs et à de singulières découvertes.

J'avais pour voisine une jeune personne douée d'un physique agréable et de beaucoup d'esprit. Venue seule à Aix, elle était depuis son arrivée une véritable énigme que chacun cherchait vainement à deviner. Elle n'était ni prude, ni libre dans ses manières, entendait une plaisanterie sans rougir, se permettait un jeu de mots sans scrupule et cependant n'assistait à aucune partie de plaisirs, à aucune réunion. Les cancans, semblables à des insectes importuns, commençaient à bourdonner à ses oreilles, lorsque dans la crainte d'être piquée trop vivement elle jugea prudent de se faire connaître. Elle parut un jour à table avec une mise plus recherchée que de coutume, portant une décoration coquettement placée

sur la poitrine et chacun de s'écrier : c'est une chanoinesse ? admirable institution vraiment, que celle
qui émancipe une jeune fille, lui confère le titre de
madame, lui accorde la liberté de voyager seule et
toutes les prérogatives d'une femme mariée. Si je n'é-
tais pas un homme, je voudrais être une chanoinesse.

À table d'hôte se dessinent les caractères et les
susceptibilités. Tel narre constamment que personne
n'écoute ; tel autre a mille attentions pour ses voisines
et se prive pour les servir, tandis que le vis à vis égoïste,
ne songeant qu'à lui, mange de tout ce qui lui est
présenté et couve des yeux les mets encore intacts.
Telle dame qui convoite une friandise fait la moue
lorsqu'une main avide enlève l'objet de ses désirs,
ou remercie, de son plus gracieux sourire, le cavalier
galant qui, devinant son goût, lui présente le plat
convoité. J'ai vu une de mes voisines, d'un âge plus
que raisonnable, pleurer de dépit de n'avoir pu manger
des pois au sucre qu'elle désirait ardemment. Aussi
à peine le premier service était-il placé que l'attaque
commençait sur tous les points. Comme les appétences
étaient diverses, les appétits très ouverts, les mets
attaqués se succédaient avec une telle fréquence que
chaque convive entassait par prévision gras et maigre,

sucre et vinaigre sur la même assiette et mâchait comme on dit des deux côtés. Dans un grand nombre de tables d'hôte, la truite servie à droite, ne pouvait passer à gauche qu'avec une extrême difficulté ; souvent même un preux s'opposait au rapt, en prononçant ces paroles solennelles : Ce poisson nous appartient. Très souvent la riposte ne se faisait pas attendre ; le nôtre, monsieur, a passé de votre côté, vous nous devez en conscience une compensation. On se faisait de gros yeux, sans que pour cela les mâchoires cessassent de fonctionner ; car à Aix il faut manger vîte, si on ne veut pas sortir de table avec la faim. A la pension où nous étions le signal du départ était toujours donné beaucoup trop tôt, au dire d'un gros négociant, grand admirateur de Pantagruel et plus appréciateur du bon que du beau. Il arrivait le premier, ne perdait jamais de temps à découper, sortait le dernier, sans pouvoir, disait-il, se mettre au pair. Ce pauvre homme que chacun plaignait sincèrement était venu prendre les eaux pour rétablir son appétit.

Le roi de Vurtemberg dont j'aurai plusieurs fois à vous entretenir, chers lecteurs, était à Aix à la même époque. Il était venu combattre une sciatique qui, sans respect pour son royal individu, le faisait souffrir ni plus ni moins qu'un simple bourgeois allemand. Logé à l'hôtel Vénat, il se faisait servir à la russe. Comme je ne mets· pas en doute que beaucoup de personnes ignorent ce qu'on entend par un service à la russe, je saisis cette occasion de le leur apprendre.

Les Russes commencent comme les Français finissent, c'est-à-dire, qu'en entrant dans la salle à manger, les convives trouvent le dessert servi. C'est là que s'étale tout le luxe et que la maîtresse de la maison fait briller son goût et la richesse de sa vaisselle. Les mets sont apportés séparément, un domestique les découpe, les fait circuler et les enlève dès qu'ils ont fait le tour de la table. A chaque nouvelle préparation culinaire, assiettes, couteaux et fourchettes sont changés. Si ce genre a l'avantage de conserver aux mets leur calorique, d'éviter l'obligeance et le talent souvent très contestables de celui chargé de découper, de préserver ainsi les invités de pénibles corvées et les convives d'un nombre indéfini de taches, il a bien aussi ses inconvéniens· d'abord vous ne savez ni le nombre, ni la nature des plats qui vous seront présentés, et pour me servir d'une figure, ignorant le nombre d'ennemis que vous aurez à combattre, vous tombez sur les premiers qui se présentent et frappez sans ménagement. Qu'arrive-t-il? lorsque survient l'arrière garde, composée le plus souvent des compagnies d'élite, vous êtes accablé par le nombre et regrettez votre attaque intempestive et l'impuissance qui en est la conséquence; décidément je n'aime pas le genre russe.

P. S. J'apprends que, pour obvier à l'inconvénient que je viens de signaler, le progrès, cet innovateur infatiguable, prescrit de placer sur le couvert de chaque invité la carte du dîner. C'est mieux, mais je préfère encore le genre suisse.

Le service est étalé sur une table à côté de celle où doivent s'asseoir les convives. Ces derniers, semblables à des généraux chargés d'une revue, examinent et flairent les diverses préparations disposées en ordre de bataille. Attablés, ils savent en experts tacticiens, s'ils doivent se ménager, quand attaquer, quand s'arrêter. Ce genre est préférable. Dans les deux modes russe et suisse, les échansons sont rétablis. Chaque invité a son Hébé qui lui indique le nom et la qualité du nectar qu'il va boire, précaution vraiment utile à une époque où tant de vins sont journellement baptisés, après avoir été créés et mis au monde sans la grâce de Dieu. Les rince-becs, invention moderne, sont assez généralement adoptés ; cependant, quoi de plus répugnant que de voir trente ou quarante personnes, régurgitant dans des vases, lançant à droite et à gauche des éclaboussures chargées des détritus d'une mastication incomplète. Nul doute que le bon goût ne fasse bientôt justice de ce genre de propreté si mal propre.

Le roi de Wurtemberg, vous disais-je, se faisait servir à la russe et jeta ainsi dans une grande perplexité un habitant d'Aix convié au banquet royal. Doué d'un véritable appétit de prolétaire et se disposant à fêter dignement le repas d'un roi, le convié à l'aspect du dessert servi, se demanda si les monarques ne vivaient que de fruits et de friandises, mais bientôt nombre de valets en livrée rouge, apportèrent le potage, les poules bouillies, les filets et rots de tous les genres, les primeurs et poissons de toutes les espèces, et démontrèrent que les rois sont des gaillards qui ne consomment pas mal, à table comme ailleurs. Le même convive, on ne peut plus honoré de se voir si noblement attablé, se trouva dans un cruel embarras, lorsque, suivant la coutume allemande, on servit des pipes et des cigarres. Redoutant l'odeur du tabac plus qu'un poltron ne redoute l'odeur de la poudre, il supporta dans la plus vive anxiété les vapeurs hétérogènes qu'exhalaient sa majesté et ses courtisans, à l'aspect des rince-becs mis en action, il avait failli rendre..... au roi sa politesse, et péniblement affecté de la fumée du *nicotiana tabacum*, il comprit que s'il était on ne peut plus honorable de hanter une tête couronnée, cet honneur n'était pas toujours sans inconvénient.

VI.

Promenades aux environs d'Aix.—Les ânes.—L'économe.—
Le malin Savoyard.—L'officier de dragons sur la litière.—
Les courses d'ânes.—Les plaques accordées aux Aliborons
vainqueurs.—Description d'une *analcade*.—La beauté des
sites.—La cascade de Grésy.—Saint-Innocent.—La *villa*
de M. Blanchard l'américain.—Le lac du Bourget et son encadrement.—Haute-Combe.—Son église.—Son monastère.—Sa tour.—Ses moines.—Les barques du lac et les
mariniers désappointés. — La fontaine intermittente. —
La maison du Diable.--Origine de son nom.--Divers sites
remarquables.--Encore le roi de Wurtemberg.

VI.

Les parties de plaisir et les visites aux environs d'Aix s'organisent ordinairement au sortir de table. Quelquefois on part en voiture, mais le plus communément on forme une *analcade*. Les ânes abondent en Savoie : dans chaque rue, à chaque pas, vous rencontrez une femme ou un gamin qui vous dit : une ânesse madame, un baudet m'sieur. Le prix de la course est d'un franc quelque soit le périmètre que l'on parcourt en deux ou trois heures. Un prodigue nouvellement arrivé, ignorant probablement la taxe, ne craignit pas d'offrir en ma présence la somme de dix centimes au gamin qui lui présentait un superbe quadrupède à longues oreilles tout harnaché. Le vétilleur d'insister, le gamin de se récrier, lorsque se ravisant ce dernier feignit de consentir et tout en ayant l'air de consolider la selle, lâcha les sangles. Le cavalier enchanté de se promener à si bon marché enfourcha sa monture, et le couple n'eut pas fait dix pas que selle et cavalier roulèrent dans le ruisseau. En voilà pour vos deux sols ! dit le malin savoyard, qu'un gamin de Paris eut embrassé comme son maître. Le prodigue, fort peu content de la leçon, était sur le point de se fâcher, lorsqu'il se vit tout à coup entouré d'une douzaine d'autres âniers, brandissant leurs fouets et riant à se tenir les côtés, il comprit que ce qu'il avait de mieux à faire, était de concentrer son dépit et pour éviter dorénavant semblable mésaventure et faire de moins périlleuses économies, il prit la ferme résolution d'aller à pied. Je n'ai jamais monté sur un âne qu'en tremblant depuis que j'ai vu à Aix, et de mes propres yeux vu, un officier de dragons emporté malgré lui dans la chambre à coucher de maître Aliboron et jeté sur la litière comme un paquet incommode. Le baudet n'avait pas achevé son repas lorsqu'on l'avait mis à la disposition de l'importun ; apercevant de loin son écurie, il s'était ravisé et n'avait rien eu de plus pressé que de s'y rendre au galop tournant la tête de côté pour obéir au mors et marchant à son but sans s'inquiéter si cela convenait au cavalier impuissant à le maîtriser.

Puisque je parle des ânes, je dois dire que, depuis quelques années, des prix sont accordés aux meilleurs coureurs. Rien ne manque à ces courses d'un nouveau genre. Toutes les régles du Jockei-Club y sont observées et les paris ne font pas défaut. Les gamins transformés en *Sportmen* sont pesés et portent des costumes de couleurs diverses. Avant le signal du départ, les ânes indociles veulent s'élancer ; lorsque le signal est donné, aucun ne veut partir. Excités par des petites piques en bois dont chaque cavalier est armé, lançant ruades et pétarades, ils prennent enfin le galop, semant à droite, jetant à gauche les jockeis importuns, à la grande satisfaction des spectateurs qui accueillent chaque chute par des applaudissements et

des éclats de rire universels. Le gamin vainqueur reçoit une somme d'argent, et l'âne acquiert le droit de
porter sur le front une plaque sur laquelle est inscrite
sa victoire. C'est un honneur productif pour le maître
mais fâcheux pour l'animal, car tout âne qui a son di-
plôme de coureur est plus couru que les autres. Lorsque je suis parti, on organisait une course dont le prix
devait être donné à l'âne qui courerait le moins. Personne ne mettait en doute que ce prix ne soit beaucoup plus difficile à gagner, d'après cet axiome : Rete-
nez un âne, il veut partir au galop.

C'était particulièrement après le déjeuner qu'on se
préparait à visiter les environs, et rien n'était plaisant comme le départ. La marche était ordinairement
ouverte par deux ecclésiastiques nos commensaux, so-
ciables comme le sont aujourd'hui tous les prêtres qui
ont de l'esprit et comprennent leur mission. Ils étaient
nommés à l'unanimité aumoniers et directeurs de la
caravanne. On leur cédait les deux plus beaux ânes,
Fend-l'Air et *Passe-Partout*. Les dames se disputaient
la *Tulipe*, la *Violette*, la *Rosette* ou la *Bichette*, dont la
douceur était connue. Les hommes réclamaient l'*Intrépide*, le *Victorieux*, *Va-de-bon-cœur* ou l'*Inver-
sable*, qui n'était pas l'inverseur tant s'en fallait. Tous

avaient un nom indiquant une qualité. Lorsqu'après beaucoup de peine et beaucoup de bruit, le cortége était organisé, on partait. Figurez-vous alors trente-cinq ânes, montés par trente-cinq personnes d'âge et de sexe différents, suivis par trente-cinq guides femmes et enfants, lesquels poussaient un âne à droite, un autre à gauche, criant sur des tons différents : Va donc *Fend-l'air*! hu! *Bichette*, allez *Rosette*? Représentez-vous quinze Dames, plus ou moins rieuses, plus ou moins timorées, vingt cavaliers stimulant de la voix et du talon leur monture indocile; l'un jeté par terre, se relevant boîteux, et répondant à cette interrogation bannale : vous êtes-vous fait mal! par la réponse plus bannale encore : tout au contraire, Madame; l'autre emporté malgré lui et faisant de vains efforts pour tenir son rang, et vous aurez une idée d'un tableau bien digne du pinceau de Charlet et d'une description de Henri Monnier.

Arrivé à la destination, non sans quelque accident tragico-comique, chacun s'émerveillait de la beauté du site et développait son enthousiasme à sa manière. Les environs d'Aix sont vraiment remarquables. Cependant il faut convenir que les peintres ont un peu exagéré le pittoresque des tableaux qu'ils ont tracés.

Pour n'en citer qu'un exemple, je prendrai la cascade du Grésy, où périt si malheureusement le 10 juin 1813 Madame de Broc, Dame de compagnie de la reine Hortense. Dans tous les itinéraires, guide des voyageurs, impressions de voyage d'Alexandre Dumas et d'autres touristes, vous lisez : Cette dame passant sur une planche refusa de s'appuyer sur le bras du meunier, son pied glissa, et soudain elle disparut dans l'abîme.

En arrivant sur les lieux, je vis bien le mausolée élevé en souvenir de ce triste événement sur lequel on lit :

ICI

MADAME LA BARONNE DE BROC,

AGÉE DE VINGT-CINQ ANS A PÉRI SOUS LES

YEUX DE SON AMIE,

LE 10 JUIN 1813.

O VOUS QUI VISITEZ CES LIEUX, N'AVANCEZ

QU'AVEC PRÉCAUTION SUR CES ABIMES, SONGEZ

A CEUX QUI VOUS AIMENT.

Mais je cherchai vainement les abîmes. Le meunier m'indiqua une espèce de trou en forme d'entonnoir, creusé dans un morceau de rocher que le torrent avait roulé jusque là, et je me demandai, si Madame de Broc n'avait pas mis beaucoup de bonne volonté à se noyer dans un bassin sur lequel plusieurs milliers de personnes s'étaient hasardées avant elle, sans même sourciller, précipice qui me parut capable tout au plus de contenir un bain ordinaire. Il en fut de même de la cascade qui a été pour moi une véritable mystification. Cette merveille dont on parle tant est composée dans l'été, époque où on la visite, de quelques filets d'eau tombant de quelques mètres de hauteur. Le plus pittoresque, le plus amusant du tableau c'est de voir le meunier aux aguets lâcher ses eaux dès qu'il aperçoit quelques curieux.

> O grands hommes et grandes choses,
> Combien vous perdez à être vus de près !

Un endroit qui répond dignement à l'attente des visiteurs et dont les touristes n'ont pas encore daigné faire mention, c'est saint Innocent, où est située la charmante *villa* de M. Blanchard (de Lyon), surnommé l'Américain. Ce bon propriétaire met une complaisance vraiment louable à laisser les étrangers parcourir son domaine. Un parc admirablement boisé, s'avançant sur un promontoire qui domine le lac du Bourget et semble le diviser en deux parties égales, permet d'embrasser d'un seul coup d'œil cette belle nappe d'eau. Vous la voyez circonscrite à l'ouest par le mont du Chat présentant à son milieu une saillie dont la forme aigüe et la couleur blanche lui ont valu le nom de *dent du Chat* qui, s'aperçoit facilement de Lyon; au nord par divers mamelons richement boisés se détachant sur de verdoyantes prairies ; au sud, par un vaste rideau de perkale formé par la chaîne des Alpes, recouvertes de leur neige éternelle; enfin à l'est, par la charmante colline de Tresserve. De quelque côté que vous portiez vos regards vous rencontrez un point de vue digne d'être reproduit. Vous admirez un des innombrables chefs-d'œuvre de ce Grand Maître, le puissant ordonnateur de toutes choses qui s'est plu à réunir mille merveilles dans cette localité, comme un collectionneur se plaît à caser dans son cabinet les trésors qu'il affectionne.

Le lac du Bourget, qui donne tant d'animation et tant d'attraits à ce paysage, est vraiment remarquable par la limpidité de ses eaux et leur couleur du plus beau bleu d'azur. Ce lac a quatre lieues de longueur sur une de largeur, et dans quelques endroits il présente jusqu'à nonante mètres de profondeur. Il est très poissonneux. La truite, le lavaret, l'omble-chevalier qui ne se plaisent que dans les eaux vives, la carpe le brochet, la perche, qui préfèrent les eaux douces et tranquilles, y vivent je ne dirai pas dans la plus parfaite harmonie, mais dans les conditions les plus favorables à leur fécondité et à leur développement. On évalue à plus de soixante mille francs la valeur du poisson qui s'y pêche chaque année. C'est pour Aix et Chambéry un véritable trésor.

Ce lac, traversé chaque jour par un des bateaux à vapeur de Lyon, est constamment sillonné par une foule de barques recouvertes et pavoisées qui conduisent les curieux au chemin de fer de Chambéry, au château de Bordeaux et le plus grand nombre à Haute-Combe.

Haute-Combe, sépulture des anciens ducs de Savoie, est situé sur le bord du lac, au pied du mont du Chat; il se compose d'une église, d'une tour et d'un monastère, groupés sur un rocher qui saille du sein des eaux.

L'église excessivement coquette est surchargée de festons, de broderies, de peintures à fresque et de gracieuses statues. Elle contient de quoi décorer vingt autres monuments religieux. Les yeux et l'attention se fatiguent à la vue de tant d'objets sculptés, de tant de tours de force artistiques. C'est un véritable bazar, sans grandiose et sans majesté, parce que l'observateur a bientôt découvert, que le plâtre autant que la pierre en composent les ornements. En parcourant ces voûtes festonnées, tout sentiment religieux disparaît devant celui de la curiosité, tout vous excite à voir, rien ne vous engage à vous agenouiller, et cependant c'est une pensée pieuse qui a présidé à la restauration et à l'embellissement de cette église. En 1793, les tombeaux des anciens ducs de Savoie furent violés et leurs cendres jetées au vent. Pour expier cette profanation, le défunt roi Charles Félix ordonna les grands travaux qui ne sont pas encore entièrement achevés. Cette église, construite dans le genre gothique, a quelque similitude avec celle de Brou près de Bourg en Bresse, où l'on admire les mausolées de Marguerite d'Autriche, et de Philibert-le-Beau, duc de Savoie, son second mari, mort à l'âge de vingt-quatre ans. Mais l'église de Brou, œuvre de larmes et d'amour où la devise

FORTUNE INFORTUNE INFORTUNE

s'offre sous mille formes gracieuses, est un des plus beaux monuments de l'Europe, et quoiqu'en aient dit quelques historiens, me semble bien supérieure à l'église de Haute-Combe.

Tout à côté de cette dernière, s'élève un monastère, où vivent dans une retraite souvent troublée par les visiteurs, une trentaine de moines de l'ordre de Saint-Bernard, qui mettent la plus grande aménité à recevoir les étrangers. Les femmes seules ne peuvent être admises dans le cloître. Je répondis à une dame qui m'interrogeait sur la cause de cette proscription, qu'il était probable que les moines et les Chartreux en agissaient ainsi par rancune contre les filles d'Ève depuis la fatale pomme, et peut-être sachant que la chair est faible, dans la crainte de succomber eux-mêmes à la tentation. Cette dame parut satisfaite de mon explication.

On a reproché à l'amménagement de l'abbaye un caractère mondain, incompatible avec l'austérité de la vie monastique, mais ce reproche est injuste : puisque le bien-être a pénétré partout, pourquoi lui interdirait-on l'entrée du cloître?

A l'est du monastère et de l'église, se détache une élégante tour par trop coquettement peinte, que l'on nomme tour de Gaussens. De son couronnement, on jouit d'un point de vue admirable.

On se rend du port de Puer à Haute-Combe dans des barques couvertes, pouvant contenir douze personnes et qui sont conduites par trois robustes mariniers. Il faut une heure et quart pour effectuer le trajet. Le bateau qui nous y conduisit avait eu l'insigne honneur d'y mener la veille le roi de Wurtemberg et sa suite. Les bons savoyards, nos rameurs, nous firent part de l'amère déception que la royauté allemande leur avait fait éprouver. Non moins confiants que la laitière dans son pot au lait, ils énuméraient *in petto* tous les profits qu'ils devaient infailliblement retirer du royal transport. Ils bénissaient la Providence qui leur avait ménagé l'auguste voyageur et ils ramaient avec un courage indicible. Le trajet fut parcouru en moins d'une heure, le retour fut effectué plus rapidement encore. Lorsque le grand chambellan tira sa bourse et interrogea le roi sur la quotité du salaire, le cœur des mariniers battit de la plus vive émotion. Mais, ô désappointement ! trois pièces de cinq francs tombèrent dans un chapeau qu'ils croyaient insuffisant à recevoir la munificence monarcale. Le prix ordinaire étant de douze francs, sa Majesté n'a donné que trois francs en sus. Vous avouerez qu'on peut être roi à bon marché, ou mieux, reconnaissez avec moi, que les rois, qu'ils soient procréés en trois jours par la grâce du peuple ou en moins d'une seconde par la grâce de Dieu, n'ignorant pas qu'ils doivent à leurs sujets l'exemple de toutes les vertus, ont grand soin de montrer aujourd'hui que la prodigalité est le pire des défauts.

Le roi de Wurtemberg avait déjà donné, en arrivant une haute idée de sa munificence. Une troupe de musiciens de Chambéry étaient venus à Aix en poste, pour le recevoir. L'auguste voyageur, qui ne paraît pas très sensible aux charmes de la mélodie, ne voulut pas les entendre, et les renvoya comme ils étaient venus, sans même les indemniser de leurs frais. On prétend cependant que la musique n'a pas fait défaut, et qu'en entrant dans la ville, un nombre considérable d'artistes..... à longues oreilles, l'ont salué de leurs chants harmonieux. Cette musique avait ses avantages,..... elle ne coûtait rien.

On ne va pas à Haute-Combe sans aller visiter la fontaine intermittente, distante de quelques centaines de pas du monastère. On nomme ainsi la fissure d'un rocher, d'où s'échappent à des heures et à des jours indéterminés, une masse d'eau plus ou moins considérable. Cette fontaine, qui n'a d'attrayant que son caractère capricieux, n'est pas une Aréthuse, tant s'en faut, et je ne sache pas qu'aucun Alphée en soit devenu amoureux.

La chronique prétend que pour la voir couler, il faut n'avoir jamais menti, j'étais bien certain de la trouver à sec. Mais comme j'aperçus plusieurs ecclésiastiques qui s'acheminaient du côté, j'espérai jouir, grâce à leur influence, du filet d'eau si désiré ; pas du tout. Etait-ce parce que j'étais-là, ou parce que mes co-visiteurs n'auraient pu me jeter la première pierre ; quoiqu'il en soit, je ne vis rien, et n'eus pas la patience que montra, en pareille occurrence, l'impératrice Joséphine. On raconte que, voulant absolument jouir du jet de la fontaine, elle se fit servir à manger près d'elle, et passa vainement douze heures à l'attendre.

Il existe encore, aux environs d'Aix, beaucoup d'autres buts de promenades, entr'autres, la maison du Diable. Elle est ainsi nommée, d'après les uns, parce qu'un homme l'aurait construite en pierres de taille, sans autre aide que sa femme. Si c'était la femme forte, rêvée par saint Simon, je ne vois pas ce que cette circonstance pourrait présenter d'étrange; si la chronique veut faire entendre que la femme et le diable ne faisaient qu'un, je dirai que cette plaisanterie est usée, et qu'il est bien reconnu aujourd'hui que toutes les femmes sont des démons....... de gentillesse. D'après quelques autres, la maison du diable aurait reçu son nom de certain événement que l'on raconte ainsi : un étranger doué d'une beauté physique remarquable, et propriétaire de ladite maison, avait déjà jeté le

trouble dans plusieurs familles, lorsqu'il devint éper-
dument épris d'une jeune personne des environs. La
mère, redoutant les embûches du Lovelace, fit croire à
sa fille que le galant avait des connexions avec le diable, et que le jour où elle entrerait chez lui, tout l'enfer viendrait la recevoir. La jeune innocente eut d'a-
bord bien peur, puis elle finit par se familiariser tellement avec les démons, qu'un soir elle se laissa conduire sans trembler dans la fatale maison. On ne sait
ce qu'il advint et si le diable s'en mêla, mais on prétend que depuis cette visite, la jeune imprudente dé-
périt, répétant journellement à ses compagnes :

« *Ah ! croyez-moi, n'allez jamais dans la maison
du Diable ?* »

A côté de la maison du Diable, on remarque une
ferme dont la blancheur de badigeon contraste avec la
couleur noire de sa voisine, couleur provenant de la
nature des pierres qui entrent dans sa construction, et
à laquelle il est plus rationnel d'attribuer le singulier
nom qu'elle a reçu. Dans la ferme existe une laiterie
où se trouve du beure excellent.

On peut encore, aux environs d'Aix, parcourir la
colline de Mouxi, celle de Tresserve, où est située la
gracieuse habitation du colonel Vivian, visiter la fon-

taine ferrugineuse de saint Simon, la tour de M. Eus-
tache, où se trouve une curieuse collection de toutes
les caricatures parisiennes. On peut visiter les châteaux
de Lamotte, de Bordeaux, de Châtillon, gravir le mont
et là dent du Chat, ou le Nivolet. L'admirable campagne qui entoure la ville est un sujet inépuisable de
contemplation, aussi de quelque côté qu'on dirige ses
pas, est-on certain de rencontrer du pittoresque.

Sa majesté Wurtembergeoise aimait beaucoup à se
promener seule, il ne lui manquait alors qu'un riflard
pour ressembler à un roi citoyen. Il voulait, disait-il,
jouir, dans ses excursions solitaires, des charmes de
la liberté.

Puisque les rois les plus absolus reconnaissent les
charmes de la liberté, pourquoi n'en font-ils pas jouir
leurs sujets. C'est que probablement, esclaves eux-
mêmes de leur rang, de l'étiquette d'une cour, de l'im-
portunité des courtisans, ils veulent que les charges
soient partagées. Or, le plaisir qu'ils éprouvent à secouer le joug, doit leur faire juger de celui que goû-
teraient les peuples en brisant leur chaîne. C'est une
réflexion que je soumets à tous les autocrates présents
et futurs.

VII.

VII.

Parlant des environs d'Aix, je ne dois pas oublier
Chambéry la capitale de la Savoie, et où le baigneur
peut aller en une heure. Le trajet se fait ordinairement
dans des voitures suspendues, à quatre places, et à un
prix modéré, 1 fr. 25 c. par personne. Aussi existe-
t-il d'Aix à Chambéry de fréquentes communications.

Dans la semaine, les étrangers vont visiter la grande ville, et le dimanche les habitants de la grande ville viennent partager à Aix les plaisirs des étrangers. Chambéry est une ville de 12,000 ames, propre et bien bâtie, située dans le creux d'une vallée délicieuse. De toutes parts elle est entourrée de hautes montagnes dont les pieds sont ornés d'une riche végétation et dont les têtes dépouillées semblent découvertes en présence du Créateur (style romantique). A l'abri des bises glaciales du nord, des vents brûlants du midi, cette vallée est on ne peut plus favorable à la culture des plantes. De vastes pépinières y sont établies, et parmi elles je citerai celles de MM. Martin Burdin et compagnie, véritables jardins des hespérides, présentant aux amateurs d'horticulture toutes les variétés de fleurs et de fruits connus jusqu'à ce jour. Une collection remarquable de roses et de dalhias, des végétaux indigènes et exotiques de tous les genres, de toutes les espèces, sont réunis et classés avec une méthode et un goût parfait. Ces messieurs expédient dans tous les pays de l'Europe et ne sont jamais au dépourvu; ils mettent à recevoir les étrangers un empressement et une complaisance que j'aime à signaler. Chambéry possède de nombreux et vastes édifices;

les uns servant de casernes où pourraient se loger
aisément 8 à 10 mille hommes. Les autres consa-
crés à la bienfaisance et dus à la généreuse sollicitude d'un de ses enfants, le général de Boigne, le
Monthyon de la Savoie. Un de ces hospices a une
destination assez singulière ; il est réservé aux personnes jadis riches, ou de haute naissance, que des
malheurs ont réduites à l'indigence. Parmi les nombreux
établissements religieux de Chambéry, il en est un remarquable occupé par les Pères Jésuites, où le plus
grand nombre des jeunes gens de la ville et des environs
vont puiser de l'instruction, sans doute, mais une
éducation certainement peu libérale. Enfin, cette ville
possède un dépôt de mendicité, qui n'empêche pas
l'étranger d'être assailli de mendiants, tant les péchés
d'habitude sont indéracinables, un couvent de capucins
et plusieurs monastères. La Savoie, comme vous le
voyez, abonde en ordres religieux, aussi le culte
catholique y est-il pratiqué avec la plus scrupuleuse
exactitude; les fêtes et dimanches sont tellement con-
sacrés au Seigneur, qu'une maison s'écroulerait en-
sevelissant ses habitants sous ses ruines, on attendrait
au lundi pour retirer les victimes. La Savoie serait
attaquée un jour férié, je ne mets pas en doute

qu'un ordre du jour n'empêche de la défendre, et pour qu'on ne trouve pas exagérées mes hypothèses, je vais rapporter un fait.

Les bureaux de la poste sont irrévocablement fermés le dimanche, et cette clôture absurde a mille inconvénients. Une dame de ma connaissance, depuis quelque temps à Aix, apprend que son mari est gravement indisposé. Dans la plus mortelle inquiétude, elle se rend au bureau de la poste qu'elle trouve fermé, c'était un dimanche. Le facteur lui avait assuré qu'il était arrivé le matin une lettre à son adresse, mais que toute distribution étant expressément interdite, elle ne pourrait la recevoir que le lendemain. Elle va trouver le directeur, expose son inquiétude, mais implore vainement, elle est dans l'obligation d'attendre dans la plus cruelle perplexité au lundi matin.

Et voilà ce qu'on appelle une pratique religieuse; je l'appellerai, moi, un acte de barbarie!

A côté de ce rigorisme qui blesse le sens commun, s'observe une tolérance, relativement au mariage, qui choque la moralité et afflige le physiologiste. Ce sacrement est accordé sans scrupule à des jeunes filles de onze et douze ans, et le dialogue suivant n'est pas rare en Savoie: — Magdelaine, êtes-vous prête, votre fiancé attend, le prêtre est à l'église? — Maman, je déshabille ma poupée, je veux la coucher, afin que la chérie ne pleure pas en mon absence. (Coups de sonnette). —Vous entendez, Magdelaine, on nous appelle. — On attendra si on veut, mais certainement je ne me marierai pas avant que ma poupée ne soit au lit, puisqu'on ne veut pas qu'elle assiste à la cérémonie (historique).

Chambéry n'offre rien de vraiment remarquable, et je me tairais sur le monument-fontaine que la reconnaissance vient d'ériger au général de Boigne, si ma franchise ne me faisait un devoir d'exprimer mon opinion sur cette moderne construction: quatre énormes éléphants, placés en croix, montrent la partie antérieure de leur corps, la partie postérieure n'existe pas, ne peut même se supposer tant les têtes sont rapprochées, ce qui fait admettre que l'architecte a pris pour modèle un éléphant quadricéphale. Au-dessus, sont deux bas-reliefs reproduisant les deux principaux faits d'armes du comte de Boigne. La vie militaire de ce général a trop de similitude avec celle de certain maréchal de France qui revendique la conquête d'Alger, et se glorifie de sa conduite à Waterloo pour mériter les honneurs de la publicité. Le comte de Boigne est accusé, par les uns, d'avoir trompé Tippo-Saïb, sultan de Misore; par le plus grand nombre, d'avoir indignement trahi le prince Mahadajey-Sindia, chef des Mahrattes. N'eût-il pas été plus convenable et de bien meilleur goût, comme l'a dit un spirituel écrivain, M. de Valgorges, de laisser le général de côté, et de n'offrir aux regards que les pages de la vie du citoyen généreux et bienfaisant, dont Chambéry déplore si justement la perte. Ces bas-reliefs sont inconvenants, mais ne forment que le moindre des défauts du monument. Les vastes trompes des quatre monstrueux animaux pourraient inonder la ville, et tout au contraire, elles sont singulièrement altérées, car un filet d'eau de la grosseur d'une plume filtre avec peine et sans grâce de l'extrémité de l'une d'elles; enfin, ces quatre bêtes colossales seraient dans le cas de supporter la colonne Vendôme; et l'artiste a placé sur leur dos un véritable cierge, au haut duquel est juchée la statue en bronze du général qui doit souffrir de se voir si ridiculement perché. En France, un tel monument tomberait sous les coups répétés de l'ironie et les plaintes incessantes du bon goût.

Puisque je suis en train de critiquer, je ne laisserai certes pas échapper l'occasion de demander quels sont les Vandales qui ont si ridiculement badigeonné l'intérieur de l'église métropolitaine. Si l'on voulait simuler du gothique, ne devait-on pas en prendre les nuances, et ne pas prodiguer jusqu'à l'exagération et les lignes et les ornements, et surtout la couleur bleue, qui rend ces fresques dignes de décorer la boutique d'un perruquier.

Un inspecteur des monuments publics français a écrit : « L'intérieur de cette église est vêtu de fresques qui ont un mérite fort rare, celui de se trouver parfaitement en harmonie avec le style de l'église. »

Croyez donc, après cela, aux inspecteurs.

Combien je préfère au barbouillage de la cathédrale, l'aspect sévère et les admirables vitraux de la chapelle royale bâtie sur la colline où est situé le château.

Mais laissons de côté la critique, et voyons si nous n'aurons rien à louer dans la capitale *savoisienne*. Le Musée!.. fi donc! c'est la pauvreté sous diverses formes. La Bibliothèque!.. à part le Missel, orné d'enluminures d'or du pape Félix, et une bible manuscrite, rien ne fixe l'attention du bibliophile. Le palais du gouverneur !.. en France, on trouverait son titre usurpé. Le théâtre!.. à la bonne heure! le théâtre est bien, il est élégant dans sa construction, vaste et parfaitement disposé. La salle, qui peut contenir environ quinze cents personnes, est décorée avec luxe et bon goût. Les acteurs répondent-ils à la perfection du logis? Je n'ai pu en juger.

Après le théâtre, ce que Chambéry peut offrir de présentable, c'est la rue de Boigne à moitié construite dans le genre de la rue Castiglione, une des plus belles de la capitale de France. Lorsque les arcades seront continuées jusqu'à son extrémité, cette rue ne laissera rien à désirer.

Les gens qui aiment la vie calme peuvent se plaire à Chambéry, quant à moi, je trouve que la ville manque d'animation, comme toutes celles qui n'ont pas un commerce actif et une industrie manufacturière; et à Chambéry, à l'exception de quelques fabriques de gazes et de soieries, les productions industrielles sont très limitées. Quant au caractère des habitants, il faut avoir habité la ville pour en juger. Car, comment s'en rapporter aux touristes. Le nobiliomane vous dira : On ne se fait vraiment pas une idée du bon ton, de la grâce et de la simplicité qui règnent dans les réunions aristocratiques; il faut l'avoir vu pour le croire. L'optimiste flatteur par nature écrira : A Chambéry, les hommes sont bien élevés, aimables sans prétention ; les jeunes gens y conservent l'esprit de leur âge et dansent après vingt-cinq ans. Les femmes, généralement toutes jolies, s'occupent peu de leur prochain, et, chose qu'on ne saurait trop admirer, n'y médisent jamais les unes des autres. (Toutes jolies, toutes indulgentes, si c'était vrai, Chambéry serait à donner pour cité modèle et pourrait être montré comme une merveille). Le dévot fera imprimer dans un album ou ailleurs : A Chambéry, on officie avec un noble et louable sentiment de la dignité catholique. J'ai assisté à la messe militaire, et je puis dire que je n'ai rencontré nulle part des troupes aussi richement vêtues que celles de S. M. Sarde (c'est vraiment intéressant ! Qu'en pensez-vous, lecteur ?) Enfin, le touriste politique et courtisan, qui a obtenu audience de Ch.-Albert, ne craindra pas de faire imprimer les hérésies suivantes : Le badaud de Paris vous dira que les Savoyards pleurent amèrement la domination française, n'en croyez rien. Il vous dira encore, le badaud de Paris, que le Savoyard est un vil esclave, qu'il fléchit comme un roseau sous la verge des gouvernants, ne le croyez pas. Rien de plus paternel, de plus accessible que l'administration.

Lequel de tous ces farceurs méritent confiance ? Je ne puis prononcer. Je n'ai vu à Chambéry que des marchands et des aubergistes qui m'ont paru aussi avides là qu'ailleurs. Quant à la bienveillance paternelle du gouvernement, ce que je vais raconter en donnera une idée approximative.

En arrivant à Chambéry, nous tombâmes malheureusement à l'hôtel de la Poste où venait de descendre S. M. Wurtembergeoise. Nous étions douze étrangers; et comme chargé de la carte, je m'adressai à la maîtresse de l'hôtel et lui demandai si elle pourrait nous faire servir. Nous avons le roi! fut sa seule réponse, et elle disparut. Rencontrant le maître du logis, je renouvelai ma demande. Nous avons le roi, m'objecta-t-il d'abord, puis il ajouta : voyez le chef. Arrivé à la cuisine, je trouvai un marmiton qui chantait en récurant : le roi, nous avons le roi! Je parvins jusqu'au Vatel en tablier blanc, préparant un roux et murmurant : quel honneur, nous avons le roi! A ma demande d'un déjeûner pour douze roturiers, il haussa les épaules et articula très gravement : j'ai le roi, et quand on a le roi... Je ne laissai pas achever sa phrase, et exaspéré par l'uniformité de ces réponses, je répliquai : « puisque vous avez le roi et rien autre que le roi, faites cuire le roi et servez chaud et tôt, car nous tombons d'inanition. » Au regard courroucé que me lança le chef, au signe que je vis adresser au marmiton qui disparut, je compris que ma plaisanterie était loin d'être goûtée et que les carabiniers royaux seraient bientôt à mes trousses. Aussi je m'esquivai.

Un seul fait historique donnera une idée de la retenue qu'il faut avoir en Sardaigne en parlant des têtes couronnées.

Deux Français jouaient dans un lieu public à l'écarté et avaient tous deux quatre points, lorsqu'un des joueurs tourna le roi.

« Que le diable emporte les rois, ils m'ont toujours porté malheur, s'écria le perdant.» Un agent de police se trouvait là, car où ne se trouvent pas ces messieurs, qui happa mon jeune imprudent et huit jours de prison vinrent ajouter à son amour pour la royauté et à son admiration pour l'absolutisme.

Un tout jeune homme, riche propriétaire dans le Mâconnais, faisant, en Italie, un voyage d'agrément, arrive dans le Piémont avec des papiers en règle, mais on trouve dans sa malle deux pistolets, un poignard sur la lame duquel étaient dessinées des figures maçonniques, et un catéchisme protestant. Aussitôt il est incarcéré et serait peut-être aujourd'hui aux galères, s'il n'avait fait venir de France les certificats les plus honorables, attestant qu'il n'était pas un conspirateur ni un émissaire de la propagande ou du protestantisme, mais simplement un jeune homme ignorant la susceptibilité inquisitoriale d'un gouvernement absolu.

Il faut avoir parcouru un pays sous le joug du despotisme pour bien apprécier tous les agréments de la liberté, et cette appréciation une fois faite, il est bien naturel de l'aimer cette bonne fille, de la servir et de la défendre contre ses implacables ennemis, et ses ennemis implacables sont tous ces égoïstes qui oublient que les rois sont faits pour les peuples et non les peuples pour les rois. Les Savoyards n'ignorent pas les avantages d'un gouvernement libéral. Aussi ont-ils pour la France une telle affection, qu'en cas de guerre générale et de propagande, il suffirait, quoiqu'en ait dit le touriste courtisan dont j'ai parlé plus haut, il suffirait, dis-je, d'une compagnie de grenadiers pour conquérir la Savoie, tant nos soldats trouveraient de sympathie dans la population. Le roi de Sardaigne n'ignore pas cette sympathie, et c'est afin de la paralyser qu'il a la précaution de couvrir la Savoie de régiments piémontais et d'envoyer les soldats savoyards dans le Piémont. Mais que peuvent la force et les baïonnettes contre les instincts, la puissance et la volonté des masses.... les maîtriser un jour, un jour compte peu dans l'existence et l'avenir d'un peuple.

Dans les états sardes, la justice est rendue par des sénateurs qui n'examinent que les grandes causes et par des juges subalternes qui s'occupent des affaires minimes. Ces pauvres justiciers se sont trouvés dernièrement dans un grand embarras, le délit sur lequel ils avaient à prononcer sortant des délits ordinaires. De jeunes fous appartenant à la société dite des *Dévorants*, société formée à Aix, il y a deux ans, par quelques dandys amis de la gaîté ; de jeunes fous, dis-je, affublèrent un jour trente Savoyards de trente bonnets rouges, coiffure ordinaire des habitants des montagnes, la même que l'on désigne en France sous le nom de bonnet de la liberté et que par une amère dérision on impose aux galériens. Ils attelèrent les trente Savoyards, ainsi coiffés, à une calèche, et se firent traîner comme les potentats d'autrefois se faisaient conduire en triomphe par leurs sujets. La promenade ne fut pas interrompue, mais le lendemain l'autorité crut qu'il convenait à sa dignité de sévir. Le cas était très embarrassant. Quels étaient les plus coupables des triomphateurs ou des sujets. Salomon se fût gratté l'oreille avant de prononcer : les Dévorants prétendaient être libres de se faire charrier comme bon leur semblait ; les Savoyards arguaient qu'ils n'avaient trouvé aucune différence à porter des malades le matin et à traîner des fous le soir. Les bonnets rouges furent condamnés à quelques jours de prison comme ayant compromis la dignité savoyarde. Le jugement était-il sage ? personne n'en a rappelé.

J'ai dit plus haut que dans la crainte des carabiniers royaux, je m'étais esquivé de l'hôtel de la Poste ; pressés par la faim, mes compagnons de voyage entrèrent à l'hôtel du Petit-Paris où je vins les rejoindre. Là, on ne nous jeta pas à la face : *nous avons le roi!* tout au contraire, on nous traita comme des monarques..... à en juger par la carte.

Après le déjeûner, nous nous rendîmes aux Charmettes, lieu célèbre comme l'ex-habitation de J.-J. Rousseau à l'époque de ses amours avec Mme de Varens. Les Charmettes sont éloignées de Chambéry de trois kilomètres au plus. Lorsque je les visitai, j'eus beau monter mon imagination au degré d'enthousiasme voulu par d'aussi puissants souvenirs, je trouvai les Charmettes sans charmes ; était-ce parce que je n'avais plus vingt-quatre ans et une Julie, ou parce qu'après avoir lu la description pompeuse qu'en a faite le philosophe de Genève, je m'attendais à mieux; quoiqu'il en soit, je fus entièrement désenchanté. La maison précédée d'une petite terrasse est de la plus pauvre apparence. Sur la porte d'entrée se voit la trace d'un écusson mutilé et la date bien lisible 1660. Sur la façade est crossé sans art, sans grâce, absolument comme un écriteau sur lequel on lirait : *Maison à louer*, un morceau de marbre fendu, détérioré, portant l'inscription qu'y fit placer Hérault de Sechelles en, 1792, lorsqu'il était commissaire de la Convention :

RÉDUIT PAR JEAN-JACQUES HABITÉ,

TU ME RAPPELLES SON GÉNIE,

SA SOLITUDE, SA FIERTÉ,

ET SES MALHEURS ET SA FOLIE.

A LA GLOIRE, A LA VÉRITÉ,

IL OSA CONSACRER SA VIE,

ET FUT TOUJOURS PERSÉCUTÉ

OU PAR LUI-MÊME, OU PAR L'ENVIE.

On nous fit parcourir un jardin de la longueur d'un mouchoir, et nous nous assîmes dans le cabinet de pervenches, où l'auteur des Confessions aimait à écrire. De ce jardin et de la terrasse, la vue est limitée par les montagnes qui enserrent de tous côtés la vallée de

Chambéry. La chambre du philosophe et celle de sa petite maman sont grossièrement badigeonnées et très mal carrelées ; une mauvaise chaise longue en bois, qui, d'après Jean-Jacques était un siége si doux et si commode, est le seul meuble qui reste du temps. Cette chaise et le badigeon démontrent combien l'art du tapissier a fait de progrès depuis un demi-siècle.

Le propriétaire actuel des Charmettes, qui est loin d'être un vandale, ce dont je le félicite, conserve le tout comme un respectable souvenir.... du peu de goût de nos aïeux. Avant de quitter les Charmettes, un registre nous fut présenté afin d'y inscrire nos pensées. Pressé par les dames que j'accompagnais d'improviser un quatrain, je me défendis beaucoup, n'étant pas un Eugène de Pradel, et, d'ailleurs, me sentant fort peu inspiré. Cependant, toujours harcelé et connaissant le proverbe : Ce que femme veut, etc., je parvins à gonfler ma rétive imagination, qui, à l'exemple de la montagne, accoucha de la souris suivante :

> Pour embellir cette maison
> A mes yeux d'attraits peu fournie,
> Rousseau, je dis avec raison
> Qu'il a fallu tout ton génie.

Un ouf! bien prononcé annonça la fin de la parturition et ces dames furent assez indulgentes pour trouver le nouveau-né pas mal.

Au retour des Charmettes, nous visitâmes le Buisson-Rond, c'est-à-dire les jardins du comte de Boigne; après cette visite, nous concluâmes qu'il fallait se méfier des indications des nombreux guides des voyageurs. Le Buisson-Rond a été une déception à joindre aux Charmettes, à la cascade de Grésy et à celle du Bout-du-Monde qui n'a pas encore été le bout de mes déceptions.

Enfin, après avoir parcouru une partie du nouveau chemin de fer qui conduit au lac de Bourget, nous dîmes adieu à Chambéry, et avant cinq heures, nous fûmes de retour à Aix pour le dîner.

Le dîner occupe une place trop importante dans le programme des plaisirs d'un baigneur pour être négligé; aussi, lorsque son heure approche, tous les promeneurs se hâtent de rentrer pour satisfaire un appétit surexcité par l'air pur et vif des montagnes.

VIII.

Intimité entre les baigneurs. — Le jardin du Cercle. — Le café Dardel. — Jacotot. — Alexandre Dumas. — Le Cercle ou Casino. — Miss Sc... — La danse. — Les cavaliers font défaut. — Les jeux.—L'écarté.—Vicissitude d'un joueur. — Elleviou.—Les dames de Choiseul et Montmorency. —Le gouverneur de Chambéry. — Le comte Duchatel.— M. Cambacérès. — Le successeur de Jean Marie Farina. —Le roi de Wurtemberg.—Le magnétiseur. — Les Fêtes du jeudi et du dimanche.

VIII

Après le dîner, il y a plus d'expansion et plus d'intimité entre les baigneurs, tant il est vrai que la table
a une grande puissance civilisatrice. Vous êtes arrivé
de la veille, et vous êtes accueilli par tout le monde,
comme un ami de vingt ans. On a cherché à expliquer la cause de cette intimité qui naît si subitement

entre gens qui ne se sont jamais vus, et qui, pour la plupart, ne se reverront jamais plus. On a dit que chez les uns c'était l'attrait de la nouveauté, qu'il y avait quelque chose de piquant et d'original à devenir en un jour le Pilade d'un Oreste qu'on quittera le lendemain ; que d'autres obéissent à un caprice de grand seigneur, et consentent à laisser de côté, pour un moment, la distance qui les sépare de l'homme souvent obscur à qui ils vont tendre la main, sûrs qu'ils sont que cela ne peut tirer à conséquence et qu'après leur départ tout sera oublié.

L'explication la plus rationnelle est, que l'homme étant éminemment sociable éprouve le besoin de demander à ses semblables des distractions en échange de celles qu'il peut fournir ; que sous un ciel étranger, loin de ses parents, de ses amis, ce besoin devient plus pressant encore et n'est pas combattu par la morgue et l'orgueil si communs surtout dans les petites localités.

Après le dîner, les dames se réunissent dans le salon de l'hôtel, et se communiquent les impressions du jour, ou bien elles se rendent au jardin du Cercle situé au centre de la ville. Ce jardin est admirablement disposé ; de fraîches et larges allées entourent un vaste tapis de verdure sur lequel la vue se repose avec plaisir ; des fleurs de toutes les espèces y répandent leur arôme. Les hirondelles y prennent leurs ébats poursuivant l'insecte qui fuit ; les rossignols y répètent leurs grands airs ; les dames y travaillent; les hommes y discutent ; les malades qui ne peuvent parcourir les environs y trouvent un but de promenade et d'agréables distractions.

Le plus grand nombre des maris et des jeunes gens vont de préférence sur la place prendre le thé ou le moka, au café Dardel. C'est là que brille dans tout l'éclat de sa réputation européenne le célèbre Jacotot illustré par Alexandre Dumas. Jacotot, un café !—Jacotot, un punch !—Jacotot, un cigarre !—Jacotot est intelligent, leste et suffit à tout, mais criez-lui : Jacotot, 25 louis ! quoi qu'en ait dit l'auteur des impressions, vous le trouverez sourd comme un canonnier invalide. Jacotot doit beaucoup à Alexandre Dumas, et cependant il s'en montre peu reconnaissant, et cela sans doute, à cause de la grosse figure un peu niaise dont l'a affublé l'illustre écrivain. A Chamouny, ce touriste n'a pour ennemis que les ours peu disposés à lui fournir de nouveaux biftecks (prononcez béfteck), mais il est en vénération surtout parmi les garçons de l'hôtel de la Couronne : ils ne conduisent jamais un voyageur au N° 12 sans lui dire : Vous avez la chambre et le lit où **M.** Alexandre Dumas nous a fait *l'honneur* de coucher. **A Aix,** au contraire, il n'est pas en odeur de sainteté ! aussi pourquoi s'est-il permis de transformer les médecins en antropophages, et de les accuser d'avoir fait cuire forcément un maître de forges soupçonné d'être atteint de choléra, tandis qu'il n'éprouvait qu'une indigestion ? Que le bon Dieu préserve le grand Alexandre de toute névralgie, paralysie, catalepsie, ou autre maladie en *ie,* car les Eaux d'Aix, s'il en avait besoin, pourraient bien lui paraître un peu chaudes, et ne pas lui être très légères !

A 8 heures du soir, les étrangers s'acheminent du côté du Cercle où se réunissent dans une toilette plus ou moins éclatante, les abonnés dont le nombre varie chaque année de 5 à 700. Jusqu'à présent il avait suffi aux cavaliers de la recommandation de quatre pièces de 5 fr. et aux dames de celle de dix francs, pour être admis pendant toute la saison. Il paraîtrait, si on en juge par l'anecdote suivante, qu'il faudra bientôt, pour être agréé, présenter un certificat de moralité délivré par le curé, et légalisé par

le maire de chaque ville ou commune qui fournira
à Aix son contingent. Une princesse russe, venue
l'année dernière, avait pour dame de compagnie une
jeune Anglaise, miss Sc.... Douée d'une taille majestueuse, d'une tournure élégante, d'une figure agréable, et de cette grâce qui n'appartient qu'aux femmes
du monde, elle enleva tous les suffrages, et accapara
tous les danseurs. Les dames plus ou moins contournées la traitèrent de coquette et l'accusèrent de
ne pas assez voiler des formes que Phidias eut aimé
à reproduire, et que la Vénus de Médicis eut envié.
Les hommes l'accusèrent, au contraire, de beaucoup
trop les voiler, de là grande rumeur ! Cette année,
Miss revint à Aix seule avec sa mère. Les dames,
toujours les contournées, prétextant qu'elle arrivait
sous le patronage de certain marquis, lion très en
renom, quoique sa crinière commença à grisonner,
menacèrent d'abandonner le cercle, si miss était a-
gréée. Comme elles sont en grand nombre aux Eaux,
l'administration ne balança pas à leur sacrifier la belle
Anglaise, et, lorsqu'elle se présenta, l'entrée lui fut re-
fusée. Surprise et, disons plus, indignée de ce refus
aussi imprévu qu'immérité, elle se rendit chez le gouverneur de Chambéry, qui jugea sagement que cette

proscription était indigne de la galanterie savoyarde, et lui remit une autorisation très en règle. Miss fut admise de par le roi, à la grande satisfaction de ses nombreux admirateurs, au grand désappointement de ses rivales. Je ne mets pas en doute que l'administration du cercle ne soit composée en majorité de paralytiques et d'aveugles, car Miss, si belle, était porteuse d'un laisser-passer bien autrement précieux que celui d'un gouverneur, laisser-passer capable de lui ouvrir tous les cœurs, et à plus forte raison toutes les portes. Lorsque je suis parti, miss Sc... n'avait pas voulu profiter de l'autorisation, et le cercle avait perdu son plus bel ornement. Peu de jours après le refus que je viens de stigmatiser, parut au *casino* une jeune dame de Lyon venue seule à Aix avec sa femme de chambre. Belle et rieuse, elle captiva de même cavaliers et danseurs ; aussi tout à coup fut-elle inondée d'une pluie de cancans, et, quoique mariée et connue, elle fut forcée de partir. Comme je le disais, il faudra désormais être digne du prix Monthyon pour n'éveiller aucune susceptibilité et s'amuser aux Eaux d'Aix. Le Cercle est comme un théâtre public où chacun peut être admis pour son argent en se conformant aux règles de la bienséance. Pourquoi vouloir l'assimiler à un salon aristocratique et l'astreindre à toutes les exigences souvent ridicules et toujours trop prétentieuses des gens qui se disent comme il faut et qui se montrent toujours comme il ne faudrait pas.

On danse beaucoup à Aix, et on y danserait bien plus encore, si les cavaliers ne faisaient pas défaut ; ce n'est pas qu'ils ne soient très nombreux, mais beaucoup trop se trouvent sous l'influence du rhumatisme, ennemi déclaré de Terpsichore. Qu'arrive-t-il de cette fâcheuse circonstance ? que de jeunes dames étalant les plus brillantes parures, ornant leur tête de fleurs, aimant la danse avec passion, traversent un bal, sans fixer un regard, sans recevoir une seule invitation, vous conviendrez que c'est désolant. Le roi de Sardaigne devrait, dans l'intérêt du pays, imposer à MM. les officiers en garnison à Chambéry, l'obligation de se rendre à Aix, le jeudi et le dimanche, et de faire danser les dames étrangères. Ce serait un service indirect, que ces messieurs rendraient à l'état, genre de service, qui aurait bien ses charmes et ses rémunérations. Ce serait même une œuvre philantropique, car j'ai vu deux demoiselles, de retour à la pension, prendre des crises de nerfs, ou plutôt de dépit, d'avoir été, pendant tout un bal, délaissées sur leur chaise, tandis que des petites filles de neuf à dix ans avaient été constamment invitées.

Je voudrais que, dans l'intérêt des grandes et surtout des grands, l'administration, si scrupuleuse sur les convenances, et qui interdit la redingote et les robes qui commencent trop tard ou finissent trop tôt, je voudrais, dis-je, qu'elle interdît aussi la danse à ces moutards, qui peuvent ressembler à des anges, mais n'ont aucune similitude, avec des danseurs et des danseuses. N'est-il pas gracieux, pour un cavalier de haute stature, de parader devant une naine, et de ressembler au géant Goliath nargué par David ! N'est-il pas très amusant de voir les contredanses dérangées par des bambins, qui sauteraient mieux au jardin sur une corde, qu'en mesure sur un parquet ! Et d'ailleurs, les parents ne craignent-ils pas de développer trop tôt, chez ses petits êtres impressionables, le goût des plaisirs !

La danse est un livre dont une mère prudente doit défendre la lecture à sa fille, avant l'âge de raison.

Pour en revenir à messieurs les officiers de Chambéry, si nécessaires et si désirés, je dirai qu'ils mettent assez d'empressement à se rendre le dimanche à Aix, mais que les dames ont remarqué que le plus grand nombre préférait la salle du jeu à celle de la danse; *inde iræ*. Et, en effet, le jeu réunit un grand nombre de partisans.

La roulette et le trente-et-quarante, en plein rapport à Bade, sont proscrits à Aix, malgré l'offre souvent répétée, faite au roi par une compagnie de joueurs industriels, de lui escompter chaque année trente mille francs. Ce refus fait l'éloge de sa majesté piémontaise. La bouillote et l'écarté surtout sont très en vogue; 1000 à 1500 fr. se jouent par partie. Un de nos commensaux, arrivé de la veille, nanti de 600 fr. pour passer un mois à Aix, et désirant doubler la somme pour visiter la Suisse, s'avisa de tenter la fortune. Cette capricieuse lui tourna le dos, et les 600 fr. disparurent devant une série contraire. Ne connaissant personne, il fut dans la nécessité d'emprunter deux francs au domestique de la maison, pour pouvoir prendre sa douche du lendemain.

Les jours de réunion ordinaire, avant que le bal commence, que les parties de jeu soient organisées, les premiers arrivés inspectent les derniers venus, et chacun en entrant est soumis à une investigation proportionnée à l'originalité de son physique, ou à l'élégance de sa mise. Le cercle devient alors une véritable lanterne magique, riche en pièces curieuses, où se succèdent maints personnages qui méritent bien qu'on tire la ficelle pour les voir. Le premier jour de mon entrée au Casino, je fus on ne peut mieux placé pour jouir du spectacle et écouter les *explications*. Comme je ne suis pas égoïste, je vais raconter au lecteur tout ce que j'ai entendu.

Quel est ce beau vieillard, à la démarche encore souple et digne, au sourire incessant, au teint frais et coloré, et dont un ruban décore la boutonnière, demandait une de mes voisines à un ancien abonné? —Ce vieillard est l'artiste qui a fait le plus de conquêtes, l'acteur qui a si souvent éclairé son feu avec les billets doux qu'il avait reçus la veille, le célèbre Elleviou qui, après avoir beaucoup chanté, plus sage que la cigale, a beaucoup amassé ; électeur, maire de sa commune et membre d'un conseil général, il vient chaque année passer à Aix la saison des eaux. — Et cette demoiselle, qu'hier je vis danser avec tant de grâces, qu'aujourd'hui j'ai rencontrée vêtue en amazone, et caracolant sur un superbe cheval? — Cette demoiselle ainsi que la dame, à la quelle elle adresse en ce moment la parole, sont les héritières des deux plus beaux noms aristocratiques de France : Choiseul et Montmorency.

Connaissez-vous ce vieux monsieur si largement décoré, qui entre donnant le bras à une si jeune dame? Le gouverneur de Chambéry et son épouse. Ce fonctionnaire jouit d'une haute considération et d'un pouvoir presqu'illimité, puisqu'il a droit de vie et de mort sur ses administrés, droit dont heureusement pour les Savoisiens il n'a pas encore fait abus. Fier de si puissantes prérogatives, ce potentat au petit pied se permettait de tutoyer tous ses subalternes sans plus d'égard qu'un sans-culotte de l'*Une et indivisible*.

Désirant connaître l'état de la santé du roi de Wurtemberg, il fit appeler dernièrement le docteur qui surveillait son traitement, et quoique le recevant chez lui, et le voyant pour la première fois, il ne craignit pas de l'apostropher ainsi : C'est toi médecin qui donne des soins à S. M., qu'en penses-tu? crois-tu pouvoir le guérir? Le docteur très étonné d'une telle familiarité, dissimula sa surprise, et ne voulant pas user de représailles, traita le gouverneur d'Excellence.

Il n'en fut pas de même, peu de jours après, d'un capitaine des bateaux à vapeur de la compagnie lyonnaise du Haut-Rhône. Son Excellence, faisant une promenade sur le lac du Bourget, conçut le désir de s'immiscer au mécanisme de la vapeur. Apercevant celui qui prélevait la recette et semblait commander sur le stéamer, il l'interpella à sa manière habituelle : — N'es-tu pas le capitaine ?—Oui ! répondit sèchement celui auquel il s'adressait , non moins surpris que le docteur, d'une telle familiarité.—Puisque tu es le capitaine, tu vas me conduire auprès de la machine, et tu m'en développeras le mécanisme ? Le capitaine B....., assez susceptible, n'hésita pas à faire sentir au gouverneur son impolitesse, et le prenant par la main, lui répondit : Viens avec moi, mon vieux, je vais t'expliquer ça depuis A jusqu'à ET. Le gouverneur comprit que les Français tenaient beaucoup plus que les Savoyards à la *Civilité puérile et honnête*, et retirant sa main, reprit d'un ton plus affable : Monsieur le capitaine, je vous remercie, vous m'expliquerez cela une autre fois. — Je vous garantis la véracité de l'anecdote, ajouta le vieil abonné.

La dame, après avoir beaucoup ri de la leçon donnée au gouverneur, pria son complaisant voisin de vouloir bien continuer *l'explication* des divers personnages qui posaient dans le salon.

Quel est celui-ci? un Cambacérès.—Celui-là ? un ex-ministre de France, le comte Duchâtel. Et cet autre? un lord d'Angleterre, causant avec un prince russe.

Je suis désireuse de connaître ce grand et gros monsieur à barbe rouge, qui parait très satisfait de sa personne? — C'est un successeur de Jean Marie Farina qui a trouvé, dit-on, quarante mille francs de rente dans le fond de ses topettes d'eau véritable de Cologne. — Dites-moi quel est cet étranger à large figure, à moustaches blondes, au sérieux impertubable, vêtu d'un habit vert et d'un pantalon blanc, depuis quelque temps assis près de la glace, où il se tient immobile comme le dieu Terme? — Ce personnage est le plus important de tous ceux réunis, car il occupe un des premiers échelons sociaux, c'est le roi de Wurtemberg. — Comment ! ce monsieur de tournure si commune est un roi; interrompit une jeune personne, vous vous trompez certainement... c'est impossible?...—Elle se figurait, la pauvre enfant, qu'un roi devait le disputer à Apollon pour l'élégance des formes, qu'il devait porter nécessairement une couronne et un manteau tout brillant de dorures et de paillettes ; elle ignorait encore que les rois sont de très simples mortels qui n'ont le plus souvent d'autre supériorité physique et morale, que celle qu'on leur prête.

Plus qu'une question, continua ma curieuse voisine, apprenez-moi le nom et les qualités de ce petit monsieur à cheveux gris, qui semble connaître et saluer toutes les dames? Son nom, je l'ignore, répondit le complaisant et tant soit peu loquace abonné, quant à ses qualités, je ne lui en connais pas d'autre que celle de magnétiseur.—On croit donc au magnétisme à Aix?—Quel est le sysème le plus éronné, l'idée la plus bizarre, les faits les plus invraisemblables qui ne trouvent des partisans.—Mais, continua la questionneuse, ce que l'on en raconte est si extraordinaire, qu'il est bien permis de montrer l'incrédulité de Saint-Thomas. — Je vous avouerai que je partage cette incrédulité, que j'ai vainement cherché à la changer en croyance, que bien des promesses m'ont été faites et que jamais un magnétiseur n'a pu me dire comme le Seigneur à son disciple : *Vide et tange.*

Et cependant des hommes raisonnables, dont on ne peut suspecter la bonne foi, ne craignent pas d'affirmer qu'une personne sous l'influence magnétique, peut, étant endormie, travailler, marcher, discourir, répondre aux questions et obéir aux ordres que celui

qui est en rapport avec elle (c'est-à-dire qui l'a ma-
gnétisée) lui présentera même mentalement; qu'elle
peut indiquer les moyens curatifs qui lui conviennent,
et dire sans avoir étudié l'anatomie, le nom, la position et les rapports des organes lésés.

Des hommes sensés ne craindront pas, admettant la
transposition des sens, d'affirmer qu'une personne ma-
gnétisée peut prendre un livre, et, au lieu de l'appro-
cher de ses yeux, le placer sous ses talons et faire
la lecture la mieux suivie et la plus intéressante; indiquer l'heure en superposant une montre sur le ge-
nou ou le creux de l'estomac, spécifier l'odeur d'une
plante en l'approchant de l'épine dorsale, etc. etc.

Les apôtres du magnétisme veulent que, sur leurs
simples allégations, on croie à tant de prodiges qui renversent toutes les lois de la nature, mais pour croire,
il faut en pareil cas, non-seulement voir, mais revoir
et toucher. Ne serait-ce pas à en perdre la tête d'éba-
hissement, s'il était constaté qu'une personne sans éducation puisse par le seul effet de quelques passes se
sentir tout-à-coup illuminée, distinguer à cent lieues ce
qui s'y fait, rapporter les paroles qui s'y disent, parler
l'anglais, l'arabe, le chinois, sans avoir étudié ces langues, composer des vers à faire pâlir de jalousie Victor

Hugo, de la prose à éclipser Chateaubriand, comme si les langues, les vers et la prose n'étaient pas toutes de convention et pouvaient s'apprendre par intention. Ce serait une découverte admirable, s'il était vrai que le magnétisme puisse ôter la sensibilité et que pendant le sommeil, l'opération chirurgicale la plus grave, la plus douloureuse puisse être pratiquée sans que le malade en éprouvât le sentiment. Non, de telles facultés ne sont pas données aux hommes et si dans le magnétisme il se passe quelque chose d'extraordinaire ce ne peuvent-être que des phénomènes nerveux que le raisonnement peut toujours expliquer.

Mais répliqua ma voisine non moins attentive que moi aux réflexions sensées du vieil abonné, les magnétiseurs, ou du moins ceux qui se font passer pour tels, croient-ils sincèrement à tant de prodiges ? — La question est délicate. Je connais un homme du plus grand mérite qui habite Aix et qui croit plus fermement au magnétisme qu'aux trois vertus théologales. Est-il dupe de quelques intrigantes? bien des gens le supposent. A-t-il réellement observé ce qu'il n'a encore pu démontrer clairement aux incrédules? je l'ignore. Quant au Monsieur dont nous parlions, personne ne met en doute qu'il n'emploie le magnétisme comme un moyen facile de se produire et de passer auprès du beau sexe d'agréables moments. La curiosité si naturelle aux dames les porte à se soumettre facilement à un essai qu'elles savent sans danger et qu'on leur affirme devoir être suivi de si merveilleux résultats; elles supportent très-bien les passes et contre-passes et souvent ennuyées de la longueur et de la monotomie de la séance elles finissent par s'endormir. Le lion livré au sommeil peut être surpris par le chasseur, et la beauté quoique toute puissante n'est pas si forte qu'un lion. Le concert commence, un autre jour nous reparlerons du magnétisme et des magnétiseurs.

L'abonné sortit pour aller prendre un verre d'eau sucrée... il en avait réellement besoin. Ma voisine attendit le concert et je rentrai pour consigner sur mes notes ce que j'avais entendu.

Après l'exécution et l'audition de quelques charmants quatuors, de ces valses entraînantes comme les Strauss seuls ont le talent d'en composer ; les plus jeunes gens, danseurs intrépides et infatigables, organisent quelques quadrilles, et la soirée se passe plus ou moins agréablement, suivant les goûts et jamais sans que la médisance et trop souvent la calomnie n'aient pris plus ou moins leurs ébats.

Le jeudi et le dimanche, le cercle offre une tout autre physionomie. L'assemblée est trop nombreuse pour
s'occuper d'examens critiques, parce qu'alors elle se
recrute de toutes les personnes de Chambéry et des environs qui aiment la danse et la réunion assez at-
trayante de tant de figures originales. Exotiques et indigènes se subdivisent alors en diverses catégories. Dans
le grand salon se groupent les danseuses élégamment
vêtues. Placées sur trois et quatre rangs, parées de couleurs diverses, elles composent une vaste guirlande de
fleurs coquettement disposées autour de la salle. Au premier coup d'archet, l'amateur se précipite et cueille
celle qui plaît le plus ou que la bienséance et la galanterie lui indiquent. Les amateurs de fleurs sont malheureusement trop rares. Dans le petit salon se trouvent les mamans, les hommes d'un certain âge, toutes les personnes enfin qui préfèrent à la danse, les
charmes d'une conversation intime ; dans les salles de
jeu se pressent les amateurs du billard, de la bouillote
ou de l'écarté ; dans le cabinet de lecture, les esprits
sérieux qui préfèrent le recueillement aux bruits du
monde. A minuit les salons sont abandonnés ; les
joueurs seuls, enchaînés par l'espérance ou retenus par
le désespoir, attendent que l'aube du matin annonce

le moment du départ et le terme des émotions,

Je ne dois pas oublier dans l'énumération des plaisirs que lés étrangers peuvent se procurer soit à Aix, soit aux environs, la promenade du lac sur le bateau à vapeur. Des affiches annoncent chaque dimanche, quand il fait beau, que le *Triton* ou le *Dauphin* ou le *Lavaret*, suivant leur tour d'arrivée, partira du chemin de fer de Chambéry à une heure de relevé touchera au port de Puer pour prendre les baigneurs, s'arrêtera une demi-heure à Bordeaux, une heure à Haute-Combe et retournera à quatre heures au point de départ.

Une excellente musique, dit l'affiche, et vous savez si les affiches sont trompeuses, jouera les airs des grands Maîtres. Et savez-vous quels sont ces airs? *Malboroug,* ou *Marie, trempe ton pain;* à moins que ce ne soit : *Où peut-on être mieux,* ou bien : *Il pleut, il pleut, bergère,* qui obtiennent la préférence. Le plus grand nombre des étrangers et particulièrement ceux qui, venus par terre, ne connaissent pas le lac, s'empressent de répondre à l'invitation.

Lorsque l'onde est tranquille, cette promenade est agréable; mais que l'orage qui d'abord ridait la surface du lac s'avise de le labourer en profonds sillons, que

des vagues plus puissantes qu'on aurait pu les supposer viennent agiter le navire, soudain des baillements
répétés, des visages pâles, attristés, témoignent de la
pénible sensation qu'éprouvent les baigneuses d'abord,
les baigneurs ensuite. Le port, qu'on peut atteindre en
quelques minutes, semble s'éloigner, et après le débar-
quement, chaque voyageur peut juger du mal de mer
par le malaise d'un lac.

IX.

Mode d'administration des eaux. — Heure de l'ouverture de
l'établissement. — Encore et toujours le roi de Wurtemberg. — Les huissiers des eaux. — Les deux étrangers. —
Le duc et le négociant. — L'avare à moitié cuit. — Les
médecins cuisiniers. — Les sécheurs et les douchés. — Le
roi emmailloté.—Les porteurs.—Le *quiproquo*.—Le pari.

IX.

Après avoir examiné l'emploi d'une journée à Aix,
après avoir donné un aperçu des distractions qu'il est
possible de s'y procurer, il convient de parler de l'objet
essentiel qui attire le plus grand nombre des étrangers,
c'est-à-dire des eaux et du mode de leur administration. On les reçoit sous forme de vapeurs, de douches

et de bains, et on les prend en boisson. Les lieux où on les administre portent des noms vraiment singuliers, ainsi l'on vous demandera si vous voulez aller à l'*Enfer*, entrer dans le *Bouillon*, vous jeter dans la *Boue*, prendre un *Prince*, recevoir une *Albertine* ou une *Ecossaise*, vous soumettre à une *Verticale* ou à une *Ascendante*. Nouvellement arrivé et ignorant les effets de l'*Enfer* ou du *Bouillon*, vous seriez très-embarassé sur le choix à faire et la préférence à donner, si des disciples d'Hypocrate, véritables médecins aquatiques, n'étaient là pour vous guider dans ce dédale humide. Dignes émules du docteur Sangrado, ils n'en diffèrent vraiment que parceque l'un guérissait tous ses malades avec une saignée et de l'eau froide, tandisque ces messieurs les traitent tous indistinctement sans saignée et avec de l'eau chaude, leur panacée universelle.

L'établissement vraiment remarquable par la bonne disposition, l'abondance et la richesse de ses eaux est ouvert au public depuis deux heures du matin jusqu'à huit heures du soir. Les baigneurs diligents accourent les premiers, lorsqu'ils sont ingambes, ou se font porter quand ils sont impotents. Les dames commencent à apparaître à quatre heures (on est matinal à Aix). De six à neuf, il y a encombrement, on fait queue comme en province à une représentation de Mlle Rachel. Les rois seuls ont le privilège de ne pas attendre, celui de Wurtemberg avait un *Prince*, c'est à dire, un cabinet à douche qui lui était réservé, et dont on ne disposait qu'après son départ. Il se rendait à pied à l'établissement comme un simple particulier. C'est là que j'eus l'honneur de le voir pour la première fois, et qu'il me donna une pauvre idée de sa politesse. Je causais sur la porte d'entrée avec plusieurs de mes collègues, lorsque l'un d'eux nous dit : voici le roi. Je me retournai, et j'aperçus deux personnes décorées, s'avançant pédestrement. Lorsqu'elles passèrent, nous les saluâmes, et une seule répondit à notre politesse. S. M. me fut connue comme Henri IV au paysan qu'il ramenait en croupe et vint me confirmer dans cette opinion que, pour plaire aux rois, il faut être impertinent pour ne pas les forcer à être polis. Accoutumées en France à plus d'aménité de la part des princes, les dames ne pouvaient se faire à ce qu'elles nommaient une *grossiereté allemande*, elles saluaient, le roi ne daignait pas leur répondre. Très offensées, et cela se conçoit, elles déploraient que l'Allemagne soit devenue la pépinière des monarques.

En effet, l'Angleterre, la Russie, le Danemark, la

Hollande, la Belgique, La Hongrie, L'Italie septentrionale presque tout entière, le Portugal et la Grèce, sont gouvernés, de nos jours, par des princes de famille allemande. Au siècle dernier seulement, l'Espagne et Naples ont échappé à la maison d'Autriche, et, sous l'Empire, un Français, soldat de fortune, a remplacé sur le trône de Suède les rejetons de la maison Holstein, en sorte qu'il n'y a réellement que la France et la Savoie qui n'aient pas payé à l'Allemagne ce singulier tribut.

Qu'au moins si la Germanie s'est arrogée le monopole des gouvernants, disaient ces dames, elle en forme de polis et de mieux élevés, d'après cette vieille et sage maxime :

La politesse doit être la première vertu des rois.

Lorsque les baigneurs affluent à l'établissement, des registres tenus par des huissiers, et sur lesquels ont fait inscrire son nom, sont censés s'opposer à ce qu'il se fasse des passe-droits, ce qui ne les empêche pas du tout, grâce à un tout petit stratagème employé par les huissiers eux-mêmes. A l'aide de noms d'emprunts, tellement illisibles, qu'il n'est pas de Champollion qui puisse les déchiffrer, et qu'ils ont la précaution de placer cà et là sur les registres, ils tiennent toujours une place à la disposition du baigneur qui sait être reconnaissant. Vous arrivez, trente personnes sont inscrites avant vous, mais vous glissez adroitement une pièce de monnaie, et, peu d'instants après, l'huissier vous fait passer, raye un des hiéroglyphes, les convenances sont observées et chacun est satisfait.

On avait essayé, avant les listes, le tirage au sort des noms, mais le sort était trop impartial, on y a renoncé. Deux moyens me semblent efficaces pour satisfaire à toutes les exigences: 1° Augmenter le nombre des douches et étuves, afin que plus de baigneurs puissent passer simultanément. Ce moyen est d'autant plus facile à mettre à exécution que les sources d'eaux thermales sont plus que suffisantes. 2° Ne laisser passer de cinq à neuf heures du matin, époque de l'affluence la plus considérable des baigneurs, que les malades munis d'une carte d'un des médecins de l'endroit, sur laquelle seraient indiqués le mode d'emploi des eaux et la durée de leur application. Ces cartes seraient renouvellées tous les jours et combattraient un grand abus, celui de laisser à la disposition des malades et des employés la direction d'un traitement qui exige des connaissances spéciales. Renvoyer par conséquent de deux à cinq heures du matin, et de trois à huit du soir, tous les baigneurs qui, par économie, veulent se passer de la Faculté, et ils sont nombreux, surtout quand ils reviennent une seconde ou troisième année. Chaque médecin pourrait désigner sur la carte qu'il remettrait à son malade et avec laquelle ce dernier aurait le privilége de passer de grand matin ou dans l'après-midi, chaque médecin dis-je, pourrait désigner le numéro d'un sablier qui indiquerait le nombre de minutes employées à la douche ou à l'exposition. MM. les docteurs éviteraient de cette manière l'ennui de passer plusieurs heures à l'établissement à attendre l'arrivée de quelques rares clients, et pourraient les visiter plus souvent et avec plus de fruit à leur retour de la douche et au moment de la transpiration. De cette manière, malades et médecins y gagneraient.

L'affluence des baigneurs donne inévitablement lieu à des scènes parfois très bouffonnes. Deux étrangers se disputaient la priorité, et à chaque réplique quittaient une partie de leur habillement; beaucoup de dames, attendant l'appel de leur nom, faisaient cercle autour des deux champions; mais lorsqu'elles s'aperçurent qu'ils n'allaient bientôt conserver d'autre vêtement que celui que portait Adam avant sa chute, elles s'éloignèrent. Pendant la contestation, un troisième baigneur prit la place, absolument comme dans la fable des deux larrons.

Dans l'endroit appelé *Bouillon*, plusieurs personnes s'exposent en même temps à des vapeurs chaudes, et passent ensuite séparément dans le lieu où s'administre la douche. Deux baigneurs s'y rencontrèrent simultanément, sans que l'un voulut céder la place à l'autre ; de là, maintes récriminations. — Monsieur, vous ignorez mes titres et mon rang. — Je vous prie de croire, Monsieur, que vos titres et votre rang m'intéressent fort peu. — Sachez, Monsieur, que je suis un duc. — Apprenez, Monsieur, que je suis un négociant. — Persuadez-vous bien, que j'ai plus de quartiers de noblesse, que vous n'avez de cheveux sur la tête. Ceci devenait une personnalité, l'adversaire étant chauve, aussi répondit-il : J'ignore le nombre de vos quartiers, mais vous avouerez que ceux que j'ai actuellement sous les yeux, s'ils sont nobles, ne sont pas beaux (voulant faire allusion aux membres étiques du grand Seigneur). Le coup porta, le duc exaspéré s'écria : Vous m'insultez, j'irai porter ma plainte à mon ami le gougerneur. — Allez au diable et laissez moi la place ! Le gentilhomme s'habilla, furieux d'avoir montré ses

quartiers à un roturier qui n'avait pas su les apprécier.

La durée des douches ou exposition aux vapeurs chaudes n'est que de quinze à vingt minutes. Ce qui explique comment il se fait que cinq cents personnes jouissent en une matinée des bienfaits des eaux. Pendant les quinze minutes, un doucheur dirige sur toutes les parties du corps, et plus particulièrement sur celles affectées, un pommeau d'arrosoir lançant mille filets d'eau thermale ; un autre doucheur brosse et masse les chairs ; de cette manière, une réaction puissante s'opère à la périphérie du corps. La peau devient d'un rouge écarlate, le pouls s'accélère, et si la surexcitation se prolongeait, une congestion céré-brale serait à craindre ; aussi dès que le temps néces-saire pour déterminer subsidiairement une abondante transpiration est écoulé, on vous enlève, et votre place est prise par un autre.

Les doucheurs et doucheuses sont exposés au mê-me degré de chaleur que les douchés, et transpirent beaucoup sans cesser leur occupation ; de temps à au-tre cependant, ils sortent pour respirer l'air frais, se couvrent d'un manteau de flanelle, et ne se trouvent nullement fatigués de ce genre de travail, puisqu'ils

DOUCHE LOCALE.

ont tous des figures de santé, et qu'il en est qui, depuis trente ans, sont attachés à l'établissement.

Le prix d'une douche ou d'une exposition est de deux francs. Ce prix paraît, au premier abord, très élevé; mais il faut considérer que, sur les deux francs, se prélèvent les parts de deux doucheurs, de deux porteurs et de l'établissement. Un avare, trouvant que pour semblable somme on ne le gardait pas assez longtemps, voulut un jour suer à son aise. Profitant d'un moment où il était seul, il pénétra sans avertir les employés, dans l'étuve appelée *Enfer*, et y séjourna trois quarts d'heure; un baigneur survint très à propos, et trouva l'avare à moitié cuit. On se hâta de le saigner, l'apoplexie étant imminente, et de lui couvrir la tête avec des linges glacés. Huit jours après, sa figure était encore marbrée, et il comprit que ce n'était, ni par calcul, ni par économie, mais bien par prévoyance, qu'on avait fixé à vingt minutes au plus la durée des expositions.

Pour éviter les inconvénients d'un séjour trop prolongé, tout en voulant profiter de l'effet des eaux, beaucoup de malades comptent sur la complaisance et le signal du médecin de leur choix; aussi voyez-vous ces messieurs, la montre en main, circulant dans les corridors comptant les minutes, heurter contre les portes pour indiquer à leurs clients qu'ils sont assez échaudés. Ils sont vraiment comparables à des cuisiniers veillant sur des œufs, vingt minutes pour les avoir cuit durs, dix minutes pour les conserver mollets. Les œufs sont cuits,— enlevez de la marmite !.. et, en effet, rien ne ressemble à des marmites, comme ces sombres cabinets, appelés *vaporarium*, où bruissent des eaux chaudes, où se dégagent de brûlantes vapeurs. Au cri, *enlevez!* deux porteurs se présentent avec leur fauteuil couvert, mais avant de vous y caser, on vous enveloppe d'un drap et d'une couverture en laine, de telle manière que vous ne conservez que les yeux, le nez et la bouche libres ; on vous ôte ainsi toute possibilité d'exécuter le moindre mouvement, on vous immobilise comme un nouveau-né dans ses langes. Ainsi fagotté, on vous transporte dans votre domicile où vous attend un lit chaud ; là, vous êtes confié aux soins d'un sécheur ou d'une sécheuse, ainsi nommés sans l'approbation de l'Académie, parceque toute leur occupation est de venir essuyer, de temps en temps, la sueur qui ruissèle sur votre visage.

Le feu prit dernièrement dans un des principaux hôtels d'Aix, et des cris d'alarmes se firent entendre ; tous les douchés ainsi emprisonnés poussèrent d'affreux gémissements ; plusieurs se jetèrent à bas de leur lit, sans parvenir à se dégager de leur enveloppe, et tous crurent qu'ils allaient périr comme Hercule dans la chemise du centaure Nessus.

Une pensée plaisante a souvent traversé mon esprit pendant le cours d'un de ces bals, où les plus riches parures brillaient au reflet de mille bougies, où les plus riantes figures s'épanouissaient aux charmes de la musique et de la danse. A l'aide d'une baguette magique, je parvenais à redonner à chaque baigneuse le visage tout échaudé, tout écarlate, tout ruisselant, tout rechigné, qu'elle avait le matin au sortir de la douche. Je les affublais de la grossière couverture de laine, et je les disposais autour de la salle comme jadis on plaçait les momies dans les tombeaux égyptiens ; puis, je faisais arriver les danseurs bien frisés, bien gantés et surtout bien empressés ; à l'aspect de ces bayadères paraissant tirées des anciens sarcophages, je voyais mes dandys fuir de toute la vîtesse de leurs jambes, et ne pas être même assez galants pour vouloir remplir l'office de sécheurs. Je me figurais ensuite mes danseuses, abandonnées dans leur linceul, se levant tout à coup pour exécuter un galop monstre, une

véritable danse macabre. Absorbé par ce tableau fan-
tastique, j'oubliais les exigences de la *poule*, lorsque
ma danseuse me rappela à mes devoirs et me reprocha
ma distraction. Je lui en communiquai la cause. Si
telle chose arrivait, me dit-elle, ce serait à mourir de
honte et de dépit, tant nous sommes affreuses au sortir de l'établissement.

Le roi de Wurtemberg demanda s'il n'existait aucun moyen d'éviter la terrible couverture. Le médecin
d'Aix, auquel il avait donné une préférence méritée à
plus d'un égard, se creusa vainement la tête, tant
il est vrai, qu'il est de ces besoins inhérents à notre
humaine espèce, auxquels les rois ne peuvent pas
plus se soustraire que les sujets. Tout ce qui fut
accordé à son rang, ce fut le passage d'un bras,
pour essuyer lui-même son visage. Cette concession
enchanta sa majesté, qui évitait ainsi qu'une main
profane puisse se vanter de s'être appliquée sur son
auguste face. Au reste, il fut porté dans la chaise
commune par deux savoyards, plus forts que des
courtisans, et surtout beaucoup moins sujets à tomber,
et il sua tout autant qu'un simple particulier.

L'adresse et la force des porteurs sont vraiment
remarquables, ils transportent la jeune fille étique et

VAPORARIUM ET PORTEURS.

l'obèze pesant 300 avec la même facilité, les montent à des étages supérieurs à travers les escaliers les plus difficiles, avec la même assurance, que s'ils traversaient un rez-de-chaussée. Aussi la personne la plus pusillanime s'abandonne à eux, avec toute confiance ; mais il arrive fréquemment dans ces nombreux transports de plaisants *quiproquos*.

Un rhumatismateux de ma connaissance indiqua, au sortir de la douche, la maison et le N° où il désirait être porté. Il existait deux maisons du même nom, tenant toutes deux des pensionnaires, et on transporta précisément le malade dans celle qui lui était étrangère. Les yeux mouillés de sueur, la tête appesantie, il se laissa placer dans un lit, sans reconnaître l'erreur, et il s'endormit. Peu d'instants après, survint une seconde chaise à porteur contenant la propriétaire du lit usurpé. Jugez de son étonnement et de son indignation, lorsqu'elle apperçut un homme suant dans sa couche. C'est indigne, s'écria-t-elle ! monsieur que faites-vous là ? — Hélas je sue ! répondit piteusement l'usurpateur réveillé en sursaut. — Mais vous êtes chez moi, dans mon propre lit. — C'est très possible, que voulez-vous que j'y fasse.— Que vous sortiez à l'instant même ! — Je vous prie de croire madame, que je n'en ferai rien: — Alors mon mari vous en demandera raison. — J'y consens, mais dans une heure si cela pouvait lui convenir. — Quelle audace! vous ne savez donc pas qui je suis?— Je n'ai pas cet avantage. — Apprenez donc que je suis la duchesse de M. et hâtez-vous de partir?— Vous seriez l'impératrice de toutes les Russies, la reine de Chypre et de Jérusalem, que dans l'état de transpiration où je me trouve actuellement, je ne sortirai pas : tout ce que je puis faire, madame la duchesse, c'est de vous offrir mon lit qui n'est pas très éloigné, à moins toutefois, que vous ne préfériez être placée à côté de moi, où nous suerons de compagnie. La duchesse de se récrier d'une semblable proposition, et le monsieur de rester immobile. On réveilla le duc couché dans une pièce adjacente, afin de prendre son lit pour y placer sa moitié exaspérée, il maugréa d'abord, puis finit par rire de l'aventure.

Un farceur, apprenant qu'une dame avait deux filles d'une beauté remarquable, qu'elle tenait en charte privée, fit le pari qu'il visiterait ces demoiselles, et serait reçu en l'absence de leur mère. Cette dernière prenait chaque matin un bain, ou une douche à l'é—tablissement. Le farceur le savait et l'attendit. Dès qu'il la vit paraître, il entra dans l'étuve appelée *Enfer*, n'y séjourna que quelques minutes, se fit entourer de l'inévitable couverture et porter à l'adresse de ces dames. Les deux jeunes filles, croyant recevoir leur mère, se précipitèrent selon leur louable habitude pour l'embrasser. Mais lorsqu'après avoir soulevé le rideau de la chaise, elles aperçurent une grosse figure, encadrée par une longue barbe et d'énormes favoris; lorsqu'elles virent deux yeux rutilants se fixer sur elles, une large bouche grimaçant un sourire satanique, elles poussèrent des cris à mettre en émoi tout le quartier. Les deux porteurs craignant d'être compromis se sauvèrent, et mon farceur fut très embarrassé dans son enveloppe. Les voisins accourus, le trouvant livré à un rire homérique, délibérèrent quel genre de correction il conviendrait de lui administrer. La crainte du châtiment rappela le sérieux sur le visage du plaisant, qui exposa que c'était une erreur des porteurs; qu'elle avait été très involontaire de sa part; qu'il était au désespoir d'avoir causé tant de frayeur à ces demoiselles; mais qu'il n'avait pu suspendre son hilarité à l'aspect de leur étonnement. Il donna son adresse, où deux savoyards le transportèrent, moyennant salaire.—Il avait gagné son pari.

Ce malheureux pari qui avait déjà failli lui être fatal, n'eut pas dans sa réussite les résultats que le plaisant en avait espéré. Comme il consistait en dix bouteilles de vin de Bordeaux sans explications; le perdant se procura du vin de Bordeaux, mais de Bordeaux situé à une lieue d'Aix, et qui ne lui coûta que 40 c. le litre. Le gagnant se trouva floué, mais n'eut rien à objecter.

X.

Les grands bains. — Les piscines. — Les curieux à l'amende.
— La piscine des hommes. — Une chute dans le bassin. —
La piscine des dames. — La douche ascendante. — Les
douches écossaises. — La Boue. — Les Bouillons. — L'Enfer.
— Vision d'un baigneur. — Les buveurs.

X.

Tous les baigneurs qui font usage des eaux ne prennent pas des douches, et même ceux qui s'en servent sont dans l'obligation de les alterner avec les grands bains. On prend ces derniers séparément, ou chez soi, ou à l'établissement, dans une baignoire ordinaire ; ou bien en commun dans de vastes bassins, appelés piscines, de *piscis* poisson, soit parce que du temps des romains, le poisson était conservé dans de semblables réservoirs, soit parcequ'on peut s'y livrer à l'exercice de la natation.

Jadis une seule piscine servait pour les hommes et les femmes, et rien ne devait être plaisant comme cet assemblage de têtes de tous les âges et de toutes les conditions, prêtres, laïques, militaires, jeunes filles et vieilles femmes surnageant, se regardant et jacassant. Plus tard on sépara les hommes des femmes ; on réserva la matinée pour les uns, l'après-dîner pour les autres. Aujourd'hui, chaque sexe a sa piscine particulière, où il peut s'ébattre sans craindre de blesser le respect humain qui, de tout temps, a été très susceptible. J'ai lu, que Dijon, sous les ducs de la seconde race en 1410, avait des bains publics, espèces de piscines où les hommes étaient admis le lundi et le mercredi, et les femmes le mardi et le jeudi. Défense fut faite aux hommes de *s'immiscer* dans les étuves des femmes, sous peine d'une amende de 50 livres. Un moine ayant été surpris *flagrante delicto* fut condamné à l'amende dont on lui fit grâce par *révérence* pour son abbé. (*Réglement de l'hôtel-de-ville de Dijon* 1410).

Cet établissement cessa sous Charles IX, et à peine

PISCINE D'EAU THERMALE,
pour la natation et autres exercices gymnastiques.

connait-on aujourd'hui l'emplacement de ces anciens bains publics.

Une amende à peu près semblable, fixée à la somme de 5 fr., est imposée à Aix, non pas à ceux qui pénètrent dans la piscine des dames, cette introduction étant très difficile, à moins d'être entièrement imberbe et de se présenter sous un costume féminin, mais aux indiscrets qui vont placer leur tête au soupirail établi pour laisser exhaler les vapeurs chaudes, soupirail correspondant à une terrasse sur laquelle il est très facile de parvenir. Je ne sache pas que cette amende ait été souvent prononcée. Les curieux n'ignorant pas que les baigneuses portent toutes un costume à l'aide duquel elles pourraient prendre publiquement leurs ébats, sans effaroucher la susceptibilité la plus chatouilleuse.

La piscine des hommes est la plus ancienne, celle des dames ne date que d'une année. Elle a la forme d'un carré allongé, et peut contenir de 30 à 40 personnes. Malheur au paralytique ou au rhumatismateux, qui veut y prendre un bain et pense y goûter le repos. De turbulents nageurs agitent l'eau, la lui lancent dans le nez, les yeux et les oreilles; les plongeurs le heurtent, le renversent et le font boire forcément, aussi se háte-t-il de demander du linge chaud et de s'habiller, jurant bien qu'on ne l'y reprendra plus. Dans chaque piscine, on peut jouir des avantages de la gymnastique dans une eau à la température des bains ordinaires, renouvellée deux fois par jour. Cette eau provenant de la source dite d'Alun, ne répand pas l'odeur désagréable de l'eau sulfureuse, mais elle a bientôt perdu sa limpidité, surtout lorsque trente ou quarante baigneurs y sont entrés. Pourquoi l'administration si désireuse de perfectionnements, n'établirait-elle pas un courant continu qui aurait l'avantage d'entretenir le même degré de chaleur, et une propreté constante dans le bassin? Une grande quantité d'eau est rejetée de l'établissement comme surabondante, ne serait-ce pas un sage moyen de l'utiliser?

Une corde à nœuds placée au centre de chaque piscine, et solidement fixée à la voûte, permet aux baigneurs d'opérer des ascensions plus ou moins difficiles, et de se laisser choir dans le bassin sans danger. Un malin grimpa en ma présence jusqu'au haut, et passant la tête dans l'espèce de soupirail entr'ouvert dont j'ai parlé, annonça qu'il apercevait les dames nageant et plongeant. Aussitôt la corde fut assaillie de grimpeurs avides de jouir d'un tel spectacle, quatre

étaient déjà parvenus à une certaine hauteur, un cin-
quième se disposait à suivre, lorsque la corde trop surchargée se rompit à son attache et les cinq curieux disparurent dans le bassin. Jugez de cette confusion de
membres! Ceux de dessous trouvèrent que ceux de
dessus ne s'étaient pas pressés de les dégager, et lorsqu'ils reparurent, la figure piteuse de chacun d'eux ra-
nima les éclats de rire qui avaient accueilli leur chute.
J'aimais beaucoup, les premiers jours, cette arène aqua-
tique, mais un matin je vis entrer dans le bain commun
trois porteurs de cautères. Depuis je n'ai pu me décider
à y remettre les pieds, et je ne suis pas le seul qui ait
éprouvé cette répugnance. Ne doit-on pas interdire
les piscines aux personnes affligées de plaies, et les
renvoyer aux bains particuliers où elles peuvent jouir
de la même qualité d'eau! Je pense qu'il suffit de
signaler cet inconvénient pour le voir disparaître.

La piscine des dames est beaucoup plus élégante
que celle des hommes; elle est ovale, garnie de dalles
en faïence et ressemble exactement à un vaste bassin
de porcelaine dans lequel s'ébattraient, je dirais bien
des cygnes, si le bonnet de taffetas ciré et le peignoir
brun dont s'affublent les baigneuses ne leur donnaient
plus de ressemblance à des poules d'eau.

Le lendemain de mon arrivée, j'obtins, comme docteur, l'autorisation d'entrer dans le sanctuaire impéné-
trable, et la liberté de jeter un coup d'œil scrutateur
sur cette troupe folâtre de jeunes filles se livrant à
l'exercice de la natation. Mon apparition inattendue
produisit le même effet que celle du chasseur de la
fable, et si ces Naïades contemporaines eussent eu la
puissance de Diane, je serais actuellement un Actéon,
et cependant, moins heureux que cet indiscret, j'avoue,
en mon ame et conscience, n'avoir rien vu.

Après la piscine et les douches ordinaires qui réunissent la majorité des baigneurs ; viennent les ver-
ticales et les ascendantes. Comme mon but est moins
d'instruire sur l'effet et le mode d'emploi des eaux,
que d'amuser en livrant à la publicité toutes les anec-
dotes historiques que j'ai pu recueillir, je vais retracer
la position critique où s'est trouvé un étranger voulant,
à l'exemple de tant d'autres, économiser les frais des
employés et des médecins. Il se soumit un jour seul
à une *ascendante.* Pour vous initier, lecteur susceptible,
aux mystères de l'*ascendante,* je serais très embarrassé
si je ne connaissais toute votre perspicacité et la vérité
de cet adage; à bon entendeur demi-mot. Le malheureux, dont j'ai à vous entretenir, se plaça donc seul

sur un siège, et tourna le robinet sous-jacent. Mais qu'arriva-t-il? que ne pouvant le fermer à temps et tandis qu'il fesait des efforts désespérés, il gonflait, il gonflait comme la grenouille du bon Lafontaine, il allait probablement subir le même sort, non sans avoir acquis la grosseur du bœuf, lorsque, exaspéré par la douleur, il prit la fuite emportant avec lui une partie de l'appareil et poussant de profonds gémissements. Un cercle de curieux se forma bientôt autour de lui, s'informant de la cause de ses plaintes et de ses contorsions, mais il ne pouvait répondre. Lorsqu'une explosion satisfit tout à coup la curiosité générale; chacun se sauva croyant avoir affaire à un nouveau Lobeau,—vous savez, ce grand hydrologue,—et non sans emporter quelques éclaboussures de la maudite *ascendante*.

Moralité.— Ceci vous prouve pour la seconde fois, malades et bien portants, que si l'eau peut devenir à Paris, dans les mains d'un grand général, un moyen puissant de combattre l'émeute, elle peut être à Aix une arme dangereuse, et qu'il est prudent d'avoir un guide sûr, c'est-à-dire un médecin éclairé qui en surveille l'emploi.

. . . .

Que vous dirai-je des *Ecossaises?* Soumis préalablement à l'action d'une eau très chaude, et au moment où la transpiration commence, on verse brusquement un tonneau d'eau glacée sur votre corps. On vous retrempe comme le forgeron retrempe son fer rouge, en le plongeant dans l'eau froide. L'impression qu'éprouve le patient dans cette singulière transition est des plus agréables, à en juger par la piteuse grimace qu'il laisse échapper.

Vous parlerai-je de la *Boue?* quelle envie ne faut-il pas avoir de se guérir, pour se vautrer dans la boue comme un des compagnons d'Ulysse! Ajoutons que cette boue sulfureuse est noire, et qu'au sortir de ce bain d'un nouveau genre, vous êtes transformé en véritable Bédouin. Heureusement qu'un large robinet vient redonner à votre peau sa première blancheur, si toutefois vous n'appartenez pas à la famille des négrillons.

Vous offrirai-je un *Bouillon* qui n'a, croyez-moi, aucune similitude avec cette décoction animale, connue sous le nom de consommé, ainsi que l'a pensé un homme simple comme il s'en rencontre tant ici bas? Le jour de son arrivée à Aix, il consulte un docteur qui, appelé chez un marquis, avait hâte de l'expédier et lui conseille un grand bain d'abord, puis un *Bouillon* chaque matin pendant huit jours, sans lui donner d'autre explication. Enchanté d'une médication si simple, le malade se fit servir huit bouillons gras, retourna chez le docteur, et lui dit : J'ai exécuté très ponctuellement votre prescription, je ne me sens pas mieux.— Ni plus mal, reprit le médecin ?— Ni plus mal. — Alors, puisque l'usage des *Bouillons* est sans effet, vous prendrez des *Princes*, un chaque jour. A l'audition de cette nouvelle ordonnance, l'homme simple fut plongé dans une grande stupéfaction.

Les bouillons, pensa–t–il, sont faciles à se procurer, mais les princes n'abondent pas en Savoie comme en France; et d'ailleurs comment les ingurgiter et les digérer. Aussi, s'écria-t-il, où voulez-vous que je trouve des princes potables ? —A l'Etablissement, ils ne coûtent que deux francs. — Tout s'expliqua, et malade et médecin rirent beaucoup de la méprise.

Enfin, vous conduirai-je dans l'*Enfer*, où le Diable lui–même se plaindrait de l'excès de chaleur. Une seule fois poussé par le démon de la curiosité, j'ai entr'ouvert la porte, et qu'ai-je vu ! *horresco referens...* rien ! il y fait plus noir que dans une bouteille d'encre, mais j'ai entendu le bruissement des chaudières bouillantes, les gémissements des malheureux damnés et je me suis sauvé en m'écriant *libera nos, domine, a rhumatismatibus*. J'ai vu entrer dans cet *enfer* des figures rosées, souriantes ; 10 minutes après, je les ai vu sortir cramoisies, grimaçantes et pantelantes.

Je ne passerai certainement pas devant l'*enfer*, sans vous raconter une anecdote. Elle était inévitable me direz-vous ! c'est mal.... très mal, car vous faites supposer que j'ai le don d'en fabriquer à volonté. Eh bien ! je fais ici ma confession la plus sincère, et à la porte de l'*enfer* oserais-je mentir ? Pas une seule fiction, pas même une seule charge ne sont sorties de ma plume. Tout ce que vous avez lu, si toutefois vous vous êtes donné la péine de tout lire, — tout ce que j'ai narré est la vérité, rien que la vérité et par conséquent toute la vérité. Si après cet aveu, vous mettez ma profession de foi au même niveau que celle d'un candidat à la députation, si vous doutez encore, allez à Aix, informez-vous bien, et certainement vous ne douterez plus.

Voíci l'anecdote :

Un Lyonnais, —je pourrais vous citer le nom, si la modestie du héros ne s'était effarouchée des honneurs de la publicité, — un Lyonnais, ignorant que l'*enfer* eut établi une succursale à Aix où il arriva dans la nuit, harassé de fatigue, fut provisoirement couché dans une chambre à deux lits. Il se trouvait dans cet état qui n'est ni le sommeil ni la veille, où l'esprit coordonne des idées en dehors du raisonnement, lorsqu'il vit deux êtres fantastiques pénétrer dans sa chambre et emporter un corps déposé sur le lit voisin, (c'étaient deux porteurs venant chercher un paralytique); son imagination les transforma en démons; les visières de leurs casquettes s'allongèrent en cornes contournées et pointues ; les pans de leur veste longue se relevèrent en demi cercle simulant de véritables appendices coxales, ornement indispensable à tout suppôt de l'enfer ; leurs doigts et leurs pieds s'allongèrent et devinrent crochus. Nul doute que ce ne soit des envoyés de Lucifer venant quérir une victime. L'illusion fut complète et la terreur du voyageur bien grande, lorsqu'il entendit disctinctement ces paroles : C'est aujourd'hui que nous le portons à l'Enfer (les démons parlaient le français, cela ne doit pas étonner, ils connaissent toutes les langues).

Le pauvre Lyonnais était sous l'influence de cette vision infernale, lorsque les deux diables reparurent rapportant le mort entouré de son vaste linceul et murmurant : Ah ! qu'on souffre dans l'*Enfer*, en grâce ne m'y portez plus ! A l'audition de cette voix sépulcrale formulant distinctement une telle plainte, le voyageur épouvanté, ne doutant pas qu'on ne vienne le prendre, jette des cris affreux et se précipite à bas de son lit pour fuir.

La frayeur devint alors générale, les faux démons et le prétendu mort furent à leur tour terrorifiés par celui auquel ils avaient très involontairement causé tant de crainte.

Le Lyonnais se réveilla, et longtemps après se ressentit de sa terreur panique.

Pour en finir avec les eaux dans lesquelles je vous tiens plongés depuis trop longtemps, je dois vous engager à en boire. Suivons ces baigneurs qui se rendent à l'Etablissement, clopin-clopant, tenant tous un verre à la main ; l'un s'approche du robinet d'eau de soufre, et malgré l'odeur d'œufs couvés, le goût fade et nauséabonde de la liqueur, répéte les libations comme s'il dégustait du Pommard ou du Volney. Savez-vous ce qui bonnifie cette détestable liqueur ? c'est l'espérance de trouver la santé au fond du verre, espérance souvent déçue et toujours permanente. L'eau, dite d'Alun,

n'a pas d'odeur ni de goût désagréable, elle se rap-
proche beaucoup de l'eau chaude ordinaire.

Ces boissons qui se délivrent gratuitement sont to-
niques et digestives. Lorsqu'un joyeux convive redoute
la paresse de son gaster, il lui expédie deux verres
d'eau thermale en guise de thé, et l'estomac travaille.
Lorsqu'un malheureux douché, emprisonné dans sa
couverture, où il brûle, où il sue, crie : J'ai soif ! le sécheur, semblable au juif qui présenta du fiel à Notre-
Seigneur sur la croix, offre un verre de cette eau
bouillante, très capable, ma foi, de rafraîchir son
client altéré.

L'eau chaude sulfureuse, le vin et le gouvernement
du cru, sont trois productions sabaudiennes qui n'ont
pas eu le pouvoir de me charmer, tant s'en faut.

XI.

L'effet des eaux. — Les médecins tant mieux. —Le bâtiment
royal. —Les thermes Albertins et Bertholet. — Avantages offerts aux indigents et aux médecins étrangers. —
Abondance des sources thermales, grottes d'où elles sourdent. — Causes du degré de chaleur des eaux, maladies qui
peuvent être guéries par les eaux thermales, leur vertu
singulière.

XI.

L'action des eaux sur les maladies ne se fait pas toujours sentir dès les premiers jours de leur emploi, et, à en croire la Faculté locale, plus vous souffrez de leur usage, plus vous avez d'espoir de guérir. Comment vous trouvez-vous de vos douches et de vos visites à l'enfer? demandai-je à un de mes concitoyens, depuis quelques jours à Aix. — Pas mal, me répondit-il. Je suis venu avec un bâton, je ne peux maintenant marcher sans béquille. — Mais alors, lui objectai-je, cela prouve le contraire. — Détrompez-vous, mon médecin m'a assuré que c'était un très bon signe, une preuve évidente que les eaux agissaient.

Heureux malade, va! tu guériras s'il est vrai que c'est la foi qui sauve, ai-je pensé... je ne l'ai pas dit tout haut, chers docteurs mes confrères, foi d'historien! je tiens trop à ne pas me brouiller avec vous; d'ailleurs l'ingratitude n'est pas mon défaut, et j'aime à rendre à César ce qui appartient à César. J'avouerai donc ici publiquement, que je dois à l'usage des eaux d'Aix la disparition d'une névralgie qui me faisait beaucoup souffrir..... sur l'é-paule gauche d'une personne qui m'est chère. Comme la susdite névralgie pourrait reparaître ou s'emparer d'une épaule qui me serait propre, je désire que la paix soit entre nous, mes frères.... A ces fins, je ne me permettrai plus qu'une vérité sous la forme d'une plaisanterie. Ce sera la dernière :

Vous arrivez à Aix tout souffreteux; avant d'avoir entendu le récit plus ou moins lamentable de vos douleurs, le médecin hydraulique vous a condamné à un ou deux mois d'eaux forcées. Si vous vous plaignez, la

ÉTABLISSEMENT DES EAUX THERMALES D'AIX-LES-BAINS.

condamnation peut aller à trois ans. Vous n'éprouvez qu'une douleur au petit orteil, on vous douche du pôle capillaire au pôle plantaire, c'est-à-dire de la tête aux pieds. Vous êtes soulagé, tant mieux, dit le docteur; cela prouve l'efficacité de nos thermes; vous souffrez davantage, toujours tant mieux, répond le médecin, c'est une preuve de l'action des eaux; tant mieux, toujours tant mieux est la réponse inévitable aux félicitations et aux condoléances qui leur sont adressées. Il manque à Aix le docteur tant pis.... Avis aux jeunes praticiens.

Toute plaisanterie à part, Aix est devenu avec juste raison un rendez-vous européen, où se dirigent un grand nombre de malades qui n'ont pu trouver ailleurs ni guérison, ni soulagement. Son établissement est bien, sans être encore parfait. Il est composé de deux corps de bâtiments distincts dans lesquels sont distribuées les eaux thermales. L'un est appelé établissement royal ou grand bâtiment, c'est celui dont nous donnons le dessin; l'autre, moins considérable, a reçu le nom de thermes Bertholet, du céleste chimiste dont s'honore la Savoie.

Le bâtiment royal a été construit près de la source des eaux sulfureuses de Saltre, sous le roi Victor Amédée III, en 1799, d'après les dessins du comte Robilan qui avait visité, pour cela, les Etablissements thermaux les plus célèbres de l'Europe. A côté de ce bâtiment, devenu insuffisant par l'affluence des baigneurs, on a fait une nouvelle construction à laquelle sa majesté Charles Albert a permis de donner son nom, de là les thermes Albertins, les douches Albertines en usage depuis 1832. Je pourrais vous donner une description détaillée des divers compartiments de ces deux constructions, je pourrais vous conduire par la main dans les nombreux cabinets, étuves, piscines, bains particuliers qui y sont établis avec un ordre remarquable, et où jaillissent de mille robinets eaux chaudes et eaux froides, mais je pourrais aussi vous ennuyer, et d'ailleurs ma description serait sans intérêt pour ceux qui ne connaissent pas Aix; les personnes qui le connaissent en savent autant que moi, celles qui se disposent à y aller en apprendront plus sur les lieux que dans mes écrits... or donc, je m'abstiens.

Les thermes Bertholet contenaient un grand bassin nommé bain royal, où la jeunesse d'Aix se baignait publiquement autrefois et s'exerçait à la natation. Aujourd'hui ce bassin est divisé en plusieurs compartiments, dont un sert à doucher et à baigner les chevaux, tandis que les autres sont employés aux bains des pauvres et à ceux de l'hôpital.

Les eaux, dans tous leurs modes d'emploi, sont distribuées gratuitement aux malheureux étrangers porteurs de certificats d'indigence dûment légalisés, ils n'ont qu'à payer les employés dont ils réclament les soins, ce qui réduit une douche de 2 fr., avec porteurs, à 85 c., et sans porteurs, à 45 c., bien plus, moyennant une modique somme, ils sont logés et nourris dans un hospice fondé par quelques personnes riches, qui ont voulu témoigner par un acte de bienfaisance de leur gratitude pour la guérison qu'elles ont dûe à l'action des eaux thermales.

Les médecins de tous les pays jouissent aussi gratuitement, toujours en exceptant la rétribution des employés, des bains, douches, vapeurs, etc. Cet avantage offert aux membres de la Faculté est bien entendu, car sans les médecins on ne verrait plus de malades... aux Eaux; expliquons-nous. C'est un pacte, une espèce d'engagement mutuel que l'on peut traduire ainsi : Je vous donne des eaux sans rétribution, envoyez-moi des malades qui paieront. Aujourd'hui que des établissements s'organisent dans les moindres localités possédant le plus petit filet d'eau thermale, aujourd'hui que la France, la Prusse, l'Allemagne se posent en rivales, développant tous leurs moyens de séduction, Aix doit tout faire pour ne pas péricliter, et, disons-le, il possède les éléments propres à soutenir victorieusement toute concurrence. La nature lui a prodigué ses faveurs, les eaux thermales y affluent en telle quantité qu'on néglige de les utiliser. La preuve, c'est qu'il jaillit dans le jardin d'un particulier une source dite Fleury, qui paraît être une branche de celle d'Alun, qui suffirait à elle seule à entretenir un établissement ordinaire, et que l'on a abandonnée. Une particularité digne de remarque, c'est que, tout à côté, à tel point que les eaux peuvent se confondre au gré du propriétaire, jaillit une source d'eau froide.

La source la plus importante est, sans contredit, celle de soufre (*voir le dessin*), tant par son abondance et son usage médical, que par les phénomènes divers auxquels elle donne naissance. Un jeune et savant chimiste de Chambéry, M. Bonjean, qui a analysé avec la plus scrupuleuse exactitude les diverses eaux minérales d'Aix, a découvert que l'ingrédient sulfureux s'y trouve à l'état libre, tandis que toutes les eaux sulfureuses analysées jusqu'ici sont minéralisées par un sulfure ou un sulfhydrate. C'est en faisant l'étude de

INTÉRIEUR DE LA GROTTE

où sourdent les eaux de souffre.

ce principe sulfureux dans son mélange avec la vapeur d'eau ou en dissolution dans l'eau elle-même, que ce chimiste est parvenu à trouver la solution de plusieurs faits intéressants que l'on s'était contenté d'observer et qu'on n'avait point encore cherché à approfondir. Mais je m'aperçois que je fais de la science et m'éloigne de mon but... Foin de la science! je l'ai proscrite de mon livre... et pour cause.

L'abondance de la source sulfureuse, un million sept cent vingt-huit mille litres par vingt-quatre heures; celle d'Alun qui ne lui est guère inférieure, permettent d'administrer les eaux sans parcimonie. Jaillissant à mi-côte, elles peuvent être employées à tous les degrés de pression depuis 0 m. 30 c. jusqu'à 10 m., et sans nécessiter de moyens mécaniques. Leur température, de 42 à 43 degrés cent., les rend aptes à être utilisées immédiatement à leur sortie du rocher et à conserver ainsi toutes les propriétés thérapeutiques qui les caractérisent. La grotte où sourdent les eaux de soufre est située au centre de l'Etablissement royal; elle a près de 4 m. de largeur sur trois de profondeur; sa hauteur est de 2 m. 20 c. environ. Les eaux jaillissent du fond par une ouverture de 0 m. 36 c. à 0 m. 45 c. carrés. Cette eau se rend dans un réservoir de plomb laminé d'où partent trois tuyaux (voir la planche) qui conduisent l'eau dans les divisions. Cette grotte est fermée par une porte en fer de fonte grillée de façon que l'air y pénétre librement.

Si les eaux de source jaillissent du rocher dans l'établissement même, il n'en est pas de même des eaux d'Alun, que l'on peut suivre assez loin dans les grottes où elles arrivent, et où l'on peut facilement descendre à l'aide de quelques précautions. Deux ouvertures y conduisent, l'une fermée par une pierre de regard située à cinq minutes d'Aix, et que l'on ôte à volonté, l'autre, un peu plus éloignée, présentant une porte qui ferme la grotte dite des Serpents. Je vous avoue que son nom n'est pas usurpé. Le jour où je la visitai, j'en trouvai un de toute beauté tourné en spiral et qui donnait encore quelques signes de vie. Il paraît que les serpents sont attirés dans cette grotte par la chaleur constante qui y règne, et que les vapeurs qui s'y dégagent sans interruption les ont bientôt asphixiés ; on peut expliquer ainsi le grand nombre de peaux de ces reptiles, qui, de tout temps, s'y sont rencontrées. Comme il fallait des échelles pour descendre dans les cavernes, qu'il y régnait une chaleur d'enfer, je ne poussai pas loin mon exploration.

Des cavernes, l'eau se rend dans un réservoir appelé Cul-de-Lampe, puis de là à l'établissement par un aqueduc en plomb. Elle alimente les douches Albertines, les Princes, les Piscines ; le trop plein entretient les thermes Bertholet.

D'où peut provenir le degré de chaleur que présentent les eaux thermales ?

Si je faisais un ouvrage sérieux, je vous soumettrais, lecteurs, toutes les théories admises et rejetées qui cherchent à expliquer ce phénomène ; je me bornerai à vous exposer qu'il est à peu prés admis que le centre de la terre est incandescent, puisque plus on pénètre dans son intérieur, plus le degré de chaleur devient sensible. Le puits artésien commencé sur la place Grenelle, à Paris, doit fournir, d'après les calculs du savant Arago, des eaux thermales, si la sonde peut pénétrer encore à une cinquantaine de mètres ; or, pourquoi ne pas considérer les sources d'eaux chaudes comme de véritables puits artésiens servant de déchargeoirs à des courants souterrains. Lors du tremblement de terre qui, en 1755, fut si funeste à Lisbonne, les eaux thermales sulfureuses de Savoie cessèrent de couler pendant vingt-quatre heures. Circonstance qui terrorifia singulièrement les habitants et qui démontrerait qu'il existe quelque connexité entre le Portugal et la Savoie.

Ce qui tendrait à prouver que le foyer des sources thermales est à une grande profondeur et à de grandes distances, c'est que les eaux les plus chaudes sont souvent entourées de glaciers; telles sont celles de Louëch dans les Alpes, celles du Jumnotri, et autres sources chaudes des monts Himalaya.

Ce qui vient encore corroborer cette opinion, c'est que le plus grand nombre de ces sources existent dans des contrées qui ont été plus ou moins travaillées par des volcans, — telles que les Cordillières, les Pyrénées, l'Auvergne, etc.

Rullman, dans sa description de Wisbaden, imagine que le globe est un animal doué de vitalité et que les eaux minérales appartiennent à ses secrétions. Martinet attribue leur chaleur à l'électricité. — Peu vous importe, avouez-le, lecteur! Les eaux sont chaudes, c'est l'essentiel, direz-vous, et vous aurez raison.

De ce qui précède, on peut conclure que la ville d'Aix présente une foule d'avantages qu'on chercherait vainement dans les autres localités. Chez les unes, les eaux sont trop chaudes, il faut les laisser refroidir; chez les autres, elles n'ont pas le degré de calorique

voulu, il faut les chauffer. Pendant ces diverses opéra-
tions, les principes qui les constituent s'altèrent et elles
perdent toute influence salutaire. A Aix, elles jouissent de toutes leurs vertus, aussi sont-elles vraiment
efficaces dans les maladies suivantes que M. le docteur
Despine père, inspecteur de l'Etablissement thermal, a
classées d'après leur affluence dans ledit Etablissement :

1° le rhumatisme ; 2° les maladies de la peau ; 3° les
affections lymphatiques, vulgairement scrophules ;
4° les maladies chroniques des os ; 5° les syphilides ;
6° les paralysies de toute espèce ; 7° les névralgies ;
8° enfin toutes les maladies anormales qui résultent
d'un état général de faiblesse et d'énervation.

M. Despine fils a plus longuement énuméré les affections qui peuvent être combattues avec succès par les
eaux d'Aix, mais cette énumération est encore loin de
satisfaire, et je crois être dans le vrai en disant qu'il
manque en Savoie, en France, en Angleterre, comme
en Allemagne, un ouvrage consciencieux qui indique
non-seulement la maladie, mais la période où la méde-
cine hydrologique peut être utile, qui apprenne le mode
d'action des eaux sur nos tissus et leur influence sur
l'économie d'après l'âge, le sexe et le tempérament,
un ouvrage enfin qui enseigne le régime à suivre pen-

dant leur usage et les dangers qui peuvent accompagner ou suivre leur emploi intempestif.

Un des sept médecins distingués qui exercent à Aix, M. le docteur Blanc, s'occupe de ce travail sous le titre de guide médicale aux eaux d'Aix. C'est un service important qu'il rendra à la science et conséquemment aux malades que la science protège. Ce sera le moyen le plus victorieux de combattre le reproche, peut-être un peu mérité, que l'on fait généralement aux médecins des eaux, d'employer ces dernières indistinctement dans toutes les maladies.

Enfin on attribue aux eaux d'Aix une vertu qui, si elle était constatée, ajouterait, sans aucun doute, au nombre déjà si considérable des baigneurs. Vous devinerez cette vertu par induction, cette scrupuleuse bienséance étant toujours là pour retenir ma plume.

Une dame des environs de Lyon, jeune encore, puisqu'elle n'avait pas atteint la quarantaine, écoutant à notre table le récit merveilleux des résultats mirobolants conservés par la chronique, apprenant qu'une demi-douzaine de comtesses, une douzaine au moins de baronnes, après vingt ans d'une union stérile, avaient eu leurs vœux accomplis, ne doutant pas que les eaux n'aient sur les roturiers la même influence, voulait absolument partir lorsque son mari, qui partageait ses craintes, se sacrifia et retourna seul dans ses foyers. Le couple redoutait de voir s'accroître le nombre déjà trop considérable de leurs charges, il ne comptait pas moins de onze héritiers directs, solidement constitués sans l'aide des eaux. De méchantes langues disent. qu'en dépit de cette conjugale précaution, la vertu des eaux pourrait bien être telle que dans neuf mois un nou-veau-né complétât la douzaine.

L'impératrice Joséphine allait fréquemment à Aix. Elle l'affectionnait beaucoup depuis que de nombreux exemples étaient venus corroborer sa confiance dans la précieuse vertu de ses thermes. Malheureusement le succès n'a pas couronné son espérance. Quoi qu'il en soit, n'y eût-il que présomption, et la présomption est très admissible, à en juger par l'étonnante quantité de moutards qui affluent dans les écoles, j'engage tous ces ménages qui déplorent l'absence de successeurs d'aller établir leur tente dans la vallée des bains. Si, plus heu-reux que moi, ils reviennent satisfaits, ils sont priés d'en faire part à leurs amis et connaissances, autant par reconnaissance pour le service rendu que dans l'intérêt d'Aix et des populations.

XII.

Les préparatifs du départ. — Le quart d'heure de Rabelais. — Les oiseaux de passage. — Le fisc et les 4 francs. — Les mémoires *honorables*. — Aperçu des dépenses les plus indispensables pour passer une saison à Aix. — Conseils au roi de Sardaigne.

XII

La saison finie, c'est-à-dire après avoir pris de
20 à 25 douches alternées avec quelques grands bains,
quand on est malade; après avoir vidé son escarcelle
et s'être rassasié de plaisirs, de compote et de gâteaux
de Savoie quand on est bien portant; chaque étranger
qui ne se dispose pas à passer deux saisons consécutives,
règle ses comptes et subit l'influence du quart d'heure,

que Rabelais trouvait si fâcheux, et auquel il a donné son nom. A Aix, comme dans toutes les localités où affluent les étrangers, *l'auri sacra fames* est par trop à l'ordre du jour et les baigneurs sont considérés comme des oiseaux de passage, dont il faut nécessairement arracher les plumes. Le gouvernement d'abord, non content de prélever sa part des milliers de bains et douches qui s'administrent à l'Etablissement, exige quatre francs de tout voyageur qui se dispose à partir. En vain vous croyez pouvoir vous dispenser de ce droit abusif en abandonnant votre passe-port, en vain venu de la veille et partant le lendemain, vous espérez éviter le visa, le fisc est là qui surveille le départ des voitures publiques, se tient à l'entrée du bateau à vapeur et vous dit: On ne passe pas! Que votre passe-port soit suranné, que vous l'ayez perdu, laissé au bureau, c'est indifférent, ce qui l'intéresse, c'est la perception des 4 francs, et cette perception, n'est pas sans importance. Cinq mille étrangers, tant baigneurs que passagers, qui s'arrêtent à Aix, forment dans l'espace de quatre mois un revenu net de vingt mille francs par an, que le gouverneur de Chambéry met dans sa poche, dit-on, comme rémunération de sa surveillance...

Votre passeport retiré, vous payez votre pension ; après la pension, survient le sècheur ; après le sècheur, les domestiques de l'hôtel ; après eux, le décroteur. Le perruquier, auquel vous devez une barbe, n'oublie pas de venir vous souhaiter un bon voyage. Comme je le disais, c'est un terrible quart d'heure ! La veille, vous avez reçu des mémoires très *honorables* dans lesquels on vous a traité en grand seigneur :
Façon d'une robe en gaze de Chambéry (façon veut dire avoir faufilé) et fourniture d'aiguilles 12 fr.

Blanchissage de 3 chemises à jabots . . 3

Repassage d'une robe blanche. 3 50
Les 50 cent. ne peuvent être diminués à cause de la rareté du charbon.

Coiffure ordinaire pendant un mois . . . 20

8 coiffures, avec fleurs les jours de bals 16
Déjà, pendant votre séjour, vous avez visité des marchands qui ne se sont fait aucun scrupule de vous demander trois fois la valeur des objets que vous avez achetés.

Ces industriels rapaces oublient que la modicité dans les prix engage à la consommation, qu'il est plus profitable de recevoir 100 fr. de 100 mains que 50 fr. d'une seule ; et qu'arrive-t-il ! que beaucoup de personnes qui aimeraient à emporter des gazes de Chambéry, s'en abstiennent pour éviter une façon provisoire de 12 fr.; que le plus grand nombre des dames et demoiselles qui ne sont pas millionnaires portent à Aix des robes de couleurs de préférence à des robes blanches, dont le blanchissage coûte 3 francs 50 cent. Nous n'avons que 3 bons mois de récolte, objectent ces bonnes gens; j'en conviens, mais en exagérant vos demandes vous récolterez pendant 15 jours à peine, tandisqu'en vous montrant raisonnables dans les prix, vos trois mois produiraient, et vous tripleriez vos bénéfices.

Croyez-vous par exemple que si les pensions au lieu d'être à 5, 6 et 7 fr. par jour, pensions où l'on vit très bien, où tout est servi à profusion, doublaient leur prix, il irait à Aix un aussi grand nombre de baigneurs? non certainement! le bon marché fait le consommateur. C'est une vérité incontestable.

Pour donner un aperçu à mes lecteurs des dépenses les plus indispensables qui se font à Aix, pendant une saison, je vais leur soumettre la note qui m'a été remise par un rhumatismateux qui depuis douze ans fréquente les eaux.

Transport de Lyon à Aix, aller et retour,

nourriture comprise . . . . 30 fr.

Trente jours de pension à 6 fr. par jour 190

Vingt douches à 2 fr. 40

Quatre bains. 4

Au sécheur 60 c. par jour, prix fixe. 18

A la blanchisseuse 8

Etrennes aux doucheurs et aux porteurs. 6

Aux domestiques de l'hôtel. . . . 6

Abonnement au Cercle. 20

Honoraires du médecin. 20

Tabac et menus frais. 8

350

Voilà ce que coûte le rhumatisme. Sans rhumatisme, le médecin, les douches, et le sécheur devenant
inutiles, les 82 fr. qu'ils absorbent peuvent être re-
portés aux plaisirs, aux courses aux environs, et le
total redevient le même, ainsi pour 350 on peut aller
passer un mois à Aix et y vivre sans parcimonie,
qu'on soit malade ou bien portant. Dans le premier
cas, à moins d'être incurable, on est assuré d'y trouver
du soulagement ; dans le second on a la certitude
d'y goûter, sinon de ces plaisirs énivrants qu'on
aurait tort d'espérer, au moins de ces agréables dis-

tractions, de ces douces émotions inconnues au citadin enchaîné à ses pénates, comme la tortue à sa carapace. C'est le cas de dire, qu'il ne faudrait pas avoir 350 fr. dans sa poche, pour ne pas aller jouir d'un spectacle vraiment curieux et où l'on ne paye qu'en sortant.

Aix serait appelé à un avenir très brillant, et les quatre parties du monde s'y donneraient rendez-vous, si le roi de Piémont mieux éclairé sur les intérêts du pays qu'il gouverne, éloignait ses lignes de douane et laissait librement circuler dans la vallée des Bains, les vins, les personnes et les idées. Quand les journaux de tous les pays et de toutes les nuances arriveraient à Aix, quel inconvénient en résulterait-il? tant d'opinions diverses se heurteraient, que du choc naîtrait infailliblement une Babel très innocente.

Le grand duc de Bade, qui est bien autant susceptible qu'un roi de Chypre, puisqu'à son exemple il interdit dans ses états les journaux progressifs a le bon esprit d'en permettre l'entrée à Bade, afin de satisfaire toutes les opinions. Un roi peut bien imiter un duc en ce qu'il fait de bien.

Donnant ensuite à l'Etablissement thermal un plus grand développement, faisant surtout abattre les chétives maisons qui en obstruent les abords et gènent considérablement son entrée; imposant aux nouvelles constructions un alignement, sans lequel toute ville n'offrira jamais qu'un aspect sauvage et disgracieux; faisant enfin d'Aix ce qu'il est si facile d'en faire; ce qu'en ferait en quelques années la France, si Aix lui appartenait, une cité charmante présentant aux étrangers les attraits si puissants de la liberté, des beaux arts et de la nature. Le roi de Piémont, dis-je, n'aurait rien à envier au Pérou, il possèderait sa mine d'or.

Mais donner des conseils aux rois, c'est souffler sur l'Océan pour soulever les flots. Ces Messieurs n'entendent pas, ou mieux, la vérité ne peut jamais frapper leurs oreilles qu'altérée par les courtisans qui les entourent. Comme ces sous-gouvernants tiennent beaucoup plus à leur propre intérêt qu'à l'intérêt général, Aix restera longtemps encore dans le *statu quo*, dans les liens qui l'enserrent et l'empêchent de grandir. Qui sait s'il n'est pas considéré à la cour comme un foyer de corruption dangereux par l'in-fluence des hommes libres qui s'y rendent, et si, dans son égoïsme, elle n'aimerait pas autant voir les bains abandonnés. Heureusement qu'il existe pour les ha-

bitants de la Savoie, comme pour les peuples enchaînés de tous les pays, deux puissants adjuvants,
le progrès et l'avenir.

XIII.

Départ d'Aix. — Encore les Douanes. — Le passage du Sault.
— La barque submergée. — Les deux naufragés. — Le
blessé. — La quête. — Le procès-verbal. — Arrivée à
Lyon. — Mlle Rachel. — Retour près de mes pénates.
— Mon livre. — Mes espérances.

Le départ des bateaux à vapeurs a lieu, du chemin
de fer de Chambéry, à six heures du matin. Les baigneurs d'Aix qui veulent s'embarquer prennent à la
même heure les omnibus de l'administration, qui les
conduisent gratuitement au port de Puër, quelques
instants avant le passage du bateau. Là, comme je

l'ai dit, se tient le commissaire flanqué de deux carabiniers, exigeant ou des papiers déjà visés, ou la somme de quatre francs (1). Cette formalité remplie, le stéamer part. Chaque voyageur jette un dernier coup d'œil, regard d'adieu, sur cette belle et riche nature, sur ce lac si beau et si bleu. On retrouve le canal de Savières avec ses sinuosités et ses hommes-chevaux que l'on attèle en leur lançant une corde qu'ils reçoivent à bras ouverts comme leur pain quotidien. La corde saisie, ils courent comme des dératés, tirent et s'arrêtent au commandement des mariniers. Bientôt on retrouve la douane savoyarde avec ses exigences, mais l'exportation étant moins redoutée que l'importation, la visite n'est pas aussi minutieuse. Enfin le bateau atteint le Rhône, et, arrivé sur le fleuve, prend son vol ; en moins de cinq heures il parcourerait cinquante lieues, si la douane française, bien autrement exigeante encore que sa voisine, n'était là avec ses griffes pour l'arrêter. Toutes les malles,

(1) J'apprends, au moment où ce chapitre est encore sous presse, que ce droit qui trouvait tant de réprobateurs vient d'être aboli ; c'est un acheminement aux améliorations que je propose. Espérons que Sa Majesté piémontaise ne s'arrêtera pas en si beau chemin.

tous les effets sont transportés sur le pont, et les douaniers se précipitent comme des carnivores sur leur proie ; si rien n'est trouvé de contraire aux droits, quel désappointement ! si une pauvre tabatière à musique est rencontrée, quelle joie ! Toutes ces figures faites pour la douane s'épanouissent. Capitaine, crie le chef dans sa joie délirante, tout en remplissant son nez de tabac, une prise vient d'être effectuée sur votre bateau ! Le capitaine et les voyageurs sont surpris et affligés de cette prise dont ils ignorent encore l'importance, mais leur étonnement cesse et l'indignation le remplace lorsqu'ils apprennent qu'il s'agit d'un pauvre diable et d'une pauvre tabatière. La douane s'empare du coupable comme d'un trophée, et le bateau continue sa marche rapide.

On approche du passage redouté, chacun s'attend à faire le sault (sans calembourg). Capitaine ! capitaine ! s'écrient deux dames timorées, nous voulons descendre ! Tout le monde descendra, répond de sa grosse voix l'interpellé ; le danger est grand, et nous n'avons pas l'habitude d'exposer les voyageurs. Ces paroles ne sont pas achevées, qu'une légère secousse, une agitation plus prononcée du fleuve, annoncent que le passage terrible est effectué. Les dames rassurées descendent au salon annoncer que tout péril est passé.

Le bateau ne fait que gagner en vitesse. Les montagnes voisines et les bords du fleuve semblent fuir rapidement derrière nous. Placé en observateur sur le devant du stéamer, j'aperçois une barque montée par deux hommes se laissant aller au gré du courant. Je crois d'abord que la barque s'éloignera, ou que notre timonnier cherchera à l'éviter. Mais, par une distraction inexplicable, il n'a rien vu. Quelques mètres à peine séparent l'énorme masse en fer, lancée comme une flèche, du frêle esquif qui dérive, le péril est imminent...., la mort plane sur deux victimes. Je crie de toute la force de mes poumons : Arrêtez ! arrêtez ! d'autres cris se joignent aux miens, mais on ne nous comprend pas. Une secousse terrible annonce que le choc a eu lieu et que deux hommes vont périr...., la barque est partagée en deux parties, et se trouve entraînée sous les palettes avant que la machine puisse être arrêtée. Pour éviter une mort certaine, l'un d'eux plonge ; mais il ne le fait pas assez adroitement, et le fer de la roue lui ouvre le pied. Le bateau de sauvetage est mis à flot, on ramène les deux victimes, et le blessé tout sanglant est hissé sur le pont.

Je visite la blessure, elle est grave, elle est profonde ; toutes les chairs de la plante du pied ont été broyées, la douleur est horrible, et arrache des cris au patient ; après le pansement elle se calme un peu, mais la gangrène peut survenir, le pied pourra-t-il être conservé ? une amputation ne sera-t-elle pas nécessaire !...

Dans cette circonstance pénible, un ange de bienfaisance, comme il s'en trouve dans toutes les occasions, où une consolation et des secours sont nécessaires, une jeune dame, aussi belle que bonne, que sa modestie me pardonnera de nommer, Madame de Cazenove de Lyon, parcourt le bateau implorant pour le malheureux blessé — Chacun loue sa pensée généreuse, admire sa sollicitude bienveillante, et personne ne lui refuse — Soixante francs sont réunis dans cette quête et remis au pauvre malade plus sensible à cette marque d'intérêt qu'au montant de la somme.

Dans la crainte des conséquences fâcheuses de la blessure, et pour ne pas abandonner au bon vouloir de l'administration des bateaux à vapeur le sort de ce malheureux, MM. Léon Boitel, directeur de la *Revue du Lyonnais*, et auteur de plusieurs des articles remarquables qui signalent cette publication, M. Louis Perrin, imprimeur, tous deux dignes représentants de la typographie lyonnaise aux fêtes de Gutenberg à Strasbourg, dressent un procès-verbal de l'accident et des circonstances qui l'ont précédés et accompagnés. Signé par le plus grand nombre des voyageurs, ce procès-verbal est remis au blessé, comme une ressource en cas de besoin.

Disons pour rendre justice à qui de droit, que l'administration s'est empressée de faire donner au malade tous les soins que nécessitait sa fâcheuse position, et, que l'ayant visité deux jours après l'accident, j'ai reconnu que le pied pourrait être conservé.

Enfin, nous arrivons au port Saint-Clair à quatre heures du soir, n'ayant pas mis neuf heures à venir d'Aix, tandis qu'en remontant le fleuve, il avait fallu un jour et demi.

Le même soir, nous dûmes payer notre tribut d'admiration à l'actrice remarquable, que les Parisiens avaient tant vanté et que les Lyonnais portaient aux nues. Rachel jouait *Monime* dans *Mithridate*. Je vis, beaucoup de naturel dans cette jeune fille si intelligente. J'admirai sa figure sévère, sa diction pure, sa voix sonore, la rareté de ses gestes, et je ne fus plus étonné que, dans ce siècle d'exagération et de mensonge, le symbole de la vérité fut considéré comme une merveille.

Enfin, je remontai la Saône si paisible ; je revis mon jardin qu'elle visite tous les ans et qui avait souffert de ma longue absence ; hélas ! hélas ! trois fois hélas ! mon jardin n'est plus ! Victime de la terrible inondation de 1840, il a disparu sous les décombres des constructions voisines. — C'est un nouveau Lazare, qu'au printemps j'essaierai de ressusciter. Je repris ma vie casanière et tranquille, ma vie de campagnard qui a pour moi bien des charmes. Je visitai les malades qui ne m'avaient pas oublié, je taillai ma plume, et, dans mes instants de loisirs, chaque soir surtout, avant de me livrer au sommeil, je traçai quelques-unes des pages qui précèdent, moins par gloriole littéraire que pour conserver un souvenir plus durable d'Aix-les-Bains, de ses environs et des plaisirs vrais qu'ils m'avaient procurés. Sans m'en douter, sans en avoir l'intention, j'ai, en quelques jours, écrit le volume que je livre à la publicité. Aura-t-il les honneurs de la critique ! je ne le pense pas. Sera-t-il lu ? je le désire. Passera-t-il inaperçu ? je m'en inquiète fort peu, cela regarde l'éditeur qui n'aura pas craint de l'imprimer. J'ai fait ce livre pour moi.... c'est une distraction que je prépare pour mes vieux jours, si toutefois de vieux jours me sont réservés.

FIN.

TABLE DES MATIÈRES.

VII.

VIII.

IX.

FIN DE LA TABLE.